착한하는 남자
고민하는 여자

착각하는 남자
고민하는 여자

초판 1쇄 인쇄	2015년 5월 14일
초판 1쇄 발행	2015년 5월 21일
지은이	이경미
펴낸이	김병은
펴낸곳	프롬북스
기획편집	서진
책임편집	안진숙
편집진행	서이례, 박지영
표지·본문	정다희
마케팅	조윤규
등록번호	제313-2007-000021호
등록일자	2007.2.1
주소	경기도 고양시 일산동구 정발산로 24 (장항동 웨스턴돔타워) T1-706호
문의	031-926-3397
팩스	031-926-3398
전자우편	edit@frombooks.co.kr
ISBN	978-89-93734-48-5 13320
정가	13,000원

착각하는 남자
고민하는 여자

서문

'비뇨기과 여의사'

무슨 19금 비디오나 야한 동영상 제목처럼 보인다. 심지어 비뇨기과에 진료를 받으러 온 환자조차도 "왜 비뇨기과를 선택하셨어요?"라고 묻기 일쑤다. 왕성한 호기심을 보이거나, "남자 성기를 정말 많이 봤겠네요"라며 키득거리는 사람도 있다.

 발기부전, 조루, 음경 수술 등 비뇨기과라 하면 떠오르는 것들은 실상 비뇨기과의 작은 한 영역에 지나지 않는다. 소변을 담당하는 신장, 요관, 방광, 남성생식기관과 전립선, 호르몬을 내고 피로를 조절하는 부신의 암에서부터 염증까지 다양한 질환들이 비뇨기과 담당이다. 여성에게 생기는 요실금이나 과민성 방광, 성관계로 감염되는 질환 역시 비뇨기과에서 치료한다.

 멋모르는 사람들이 보내는 비뇨기과 여의사에 대한 편견이 싫어 일부러 '성학'과는 거리도 두었다. 그러나 환자를 만나면 만날수록 '건강한 성'이 자리 잡지 않으면 환자들의 질환이 고쳐지지 않는다는 것을 깨닫게 됐다.

남편과 잠자리만 했다 하면 걸리는 방광염 때문에 이제는 남편이 야릇하게 눈만 떠도 도망부터 간다는 결혼 1년차 새댁, 나는 그저 방광염 약만 처방해주면 편할 일이다. 환자는 밀려 있고 시간도 없는데 수가도 비싸지 않은 방광염 환자를 붙잡고 한 시간 넘게 "이래서는 안 된다, 잘못 알고 있다, 성교육도 다시 받아라, 이런 시도도 해봐야 방광염 없이 원원하게 된다"고 연설을 하게 된다.

이렇게 긴 시간을 할애해서 상담하는 것은 어쩌면 현재 우리나라 의료시스템과는 맞지 않을지도 모른다. 주변 동료 의사들도 내게 적당히 하라고 할 정도니, 바보 같은 짓이라 생각될 수도 있다. 그럼에도 나는 결국 결혼 1년차 새댁과 상담 약속을 다시 잡고, 혹여 안 오는 건 아닐까 걱정한다.

그 뿐만이 아니다. 자신의 기가 약해진다며 사정을 계속 참다 전립선염으로 호되게 고생하는 중년 남성, 발기부전 치료제를 처방받아도 마누라가 섹스 파업 선언을 해서 쓸 데가 없다고 투덜대는 귀여운 어르신, 강한 남성을 추구하다 음경이 다 썩어 내리는 중년 남성까지. 다양한 환자들을 접하면서 그들의 사연만큼이나 다양한 성의 모습과 문제점들을 보게 된다. 그저 약과 주사, 수술만으로는 해결될 수 없는 '성' 문제에 대해 도움을 주고자 2008년부터 작년까지 「부산일보」에 '위풍당당 성교실'이라는 칼럼을 매주 게재했다. 매주 글쓰기가 쉽지는 않았으나 '카더라~' 통신에 의존하지 않는 정확한 성 지식을 전달해야겠다는 의무감으로 버티곤 했다. 나에게 온 환자들만 그런 문제를 가지고 있는 것은 아니니까.

칼럼을 진행하면서 '도움이 많이 된다' '감사하다'는 응원도 있었고, '진작 알았으면 좋았겠다'고 후회하는 사람들도 만났다. 또 본인에게 해당하는 문제를 해결하기 위해 행동으로 옮기는 이들을 만나면서 나의 선택이 나쁘지 않았음을 확신했다. 그래서 신문지상이라 더 길게, 더 깊게 얘기하지 못한 부분들을 한 권의 책으로 만들어야겠다는 결심이 섰다.

한 해 한 해 지날수록 사람들의 '성과 섹스'를 대하는 태도, 생각이 많이 달라지고 있음을 몸소 느낀다. 좀 더 개방적으로, 자신의 문제에 대해 이야기하며, 부부가 함께 적극적으로 문제를 해결하려고 나서기도 한다.

그러나 여전히 '섹스'를 공부하고, 연습해야 한다는 것을 모르는 사람들이 많다.

모든 남자들이 여자를 만족시키는 것을 섹스의 큰 의미로 둔다. 하지만 정작 여자를 달아오르게 하는 정곡인 '그곳'에서 벗어났다면 무슨 소용일까? 그래서 정확하고, 쉽게 상대를 황홀하게 만들어 줄 '진짜' 기술이 필요하다.

이 책을 읽는다고 당신이 당장 변강쇠나 옹녀가 되는 것은 아니다. 다이어트 비법을 읽고 알았다고 해도 저절로 살이 빠지지 않는 것과 같은 이치다. 성도 마찬가지다. 아무쪼록 이 책을 읽는 모든 사람들이 '섹스'가 심신의 건강과 절대 뗄 수 없는 관계라는 것을 깨닫고, 배우려는 의지를 불태우기 바란다.

C　　　　O　　　　N　　　　T

E　　　N　　　T　　　S

남자는 주목하라

이 책은 비뇨기과 여의사가 전하는 섹스에 대한 모든 이야기, 그리고 눈으로, 말로, 마음으로 나누는 제대로 된 사랑 테크닉 모두를 담았습니다. 지피지기면 백전백승(知彼知己百戰百勝)이라고 했습니다. 우선 자신을 알고 상대를 알아야 잊지 못할 '그 날'을 만들 수 있습니다.

이 책을 읽는 방법은 간단합니다. 지금 당신의 파트너가 왠지 관계를 피하는 것 같거나, 파트너를 온전히 만족시키고 있다고 자부하거나, 혹은 상대가 어느 한 가지라도 불만을 표현했다면 반드시 첫 페이지부터 정독하기를 권합니다.

그러나 이제 막 사랑하는 사람이 생겨 조심스럽게 관계를 시작했거나, 결혼한 지 얼마 되지 않은 부부, 혹은 20년, 30년 가까이 된 부부라면 자신에게 맞는 부분을 먼저 읽어도 상관없습니다.

만약 현재 당신의 상대와 만족스런 관계를 갖고 있으나 성적인 대화는 특별히 나누고 있지 않다면, 다음 항목에 따라 해당되는 장을 먼저 읽으십시오. 그럼 당신은 그녀의 '진짜 속마음'을 들여다보듯 모든 걸 알게 될 것입니다.

- 내 여자가 섹스할 때마다 매번 오르가즘을 느끼고 있다고 생각하는 남자라면,
  → 140p 그녀의 신음소리는 100% 진짜일까?
- 굵고, 긴 음경이 여자를 만족시키는 가장 첫 번째 조건이라고 생각하는 남자라면,
  → 039p 크면 장땡? 모르는 소리!
- 내 여자 앞에서만 유난히 작아지는 남자라면,
  → 166p 여자 말 한마디에 쫄기는!
- '사랑싸움, 부부싸움' 같은 감정적인 문제를 섹스로 풀어온 남자라면,
  → 224p 섹스 그 달콤한 꿀을 좇아서
- 집이 아닌 다른 환경에서의 섹스를 꿈꾸는 남자라면,
  → 046p 섹스! 꼭 침대에서만 하란 법 있어?
- 여자가 애무보다 삽입 섹스를 더 좋아한다고 생각하는 남자라면,
  → 022p 양은냄비 '남자', 뚝배기 '여자'
- 내가 발기하면 삽입해도 된다고 여겨온 남자라면,
  → 129p 자꾸 자세 바꾸면서, 침만 바르면 뭐하나
- 섹스에 대해 서로 편하게 주고받는 대화가 쑥스럽다 생각되는 남자라면,
  → 098p 은밀하고 음란하게
- 오래된 연인, 오래된 부부 사이라 애무를 건너뛰곤 했던 남자라면,
  → 074p 애무냐, 의무냐?
- 요즘 내 물건이 점점 내 뜻대로 되지 않는 남자라면,
  → 065p 고! 스톱! 쌌네….

지금껏 해왔던 것과 똑같은 순서, 체위, 방식으로 계속 섹스를 할 생각이라면, 반드시 이 책을 읽을 것을 권합니다.

섹스를 알고 싶은, 혹은 피하고 싶은 여자를 위한 안내장

여자는 주목하라

당신은 다음의 경우 중 하나에 속할 겁니다. 섹스의 참맛을 알고 즐기거나, 섹스의 맛은 알지만 특정한 상황에서만 느낄 수 있거나, 경험은 많지만 섹스는 간간히 하고 싶거나, 이도저도 다 필요 없이 그저 섹스 안 하고 살고 싶은 여자.

그러나 세상에는 딱 두 종류의 여자만이 존재합니다. 그 무엇과도 비교할 수 없는 단 하나뿐인 달콤함. 즉 오르가즘을 느끼는 여자와 평생 단 한 번도 오르가즘을 느껴보지 못한 여자로 말입니다.

섹스는 결코 남자만을 위한 전유물이 아닙니다. 또한 의무적으로 해야 하기 때문에 하는 것도 아닙니다. 사실 남자 역시 여자의 그런 생각을 거의 느끼고 있으며, 바로 그 이유로 당신이 더 이상 매력적으로 보이지 않습니다.

이 책을 읽는 방법은 간단합니다. 당신이 사랑하는 그 사람을 행복하게 하고 싶거나, 영화에서나 봄직한 만족을 함께 느끼고 싶거나, 지금까지와는 다른 쾌감을 맛보고 싶다고 인지하고 있다면, 어느 페이지를 먼저 읽든 상관없습니다.

그러나 다음 항목에 해당된다면 우선적으로 해당 페이지를 먼저 읽으십시오.

지금처럼 하고 싶지 않은 섹스, 즐기는 것보다 수동적이기만 한 섹스를 계속할 생각인가요? 만약 그렇다면 이 책을 반드시 읽을 것을 권합니다.

단단하게 발기하는
여자

"선생님, 부끄러운 말이지만 남편이 자꾸 힘을 줘봐라, 쪼아

봐라, 이제는 하다하다 수술하는 게 어떻겠냐면서…. 어이구,

이젠 안 해도 되겠는데 뭘 자꾸 바라는지 모르겠어요."

　남자들이 꿈꾸는 명기는 뭘까? 따뜻하고 부드럽게 조여 주는

질? 아니면 조이는 힘이 센 질? 삽입했을 때 질 속살이 넉넉하

고 충분해 젤리 같이 느껴지는 질? 어떤 조건이든 그 '명기'라

는 것도 남자들이 만들어 줄 수 있다는 걸 아는가? 딱 잘라 말해 명기는 '남자하기 나름'이라는 의미다. 이런 말을 하면 남자들은 화를 낼지 모른다. "왜 책임을 남자에게 전가하는가?"라고 말이다. 우선 불평불만 전에 여성 '질'에 대해 알아보자.

남자는 음경이라는 발기조직이 눈에 바로 보이니 성적으로 흥분하고 발기하는 것을 쉽게 확인할 수 있다. 반면 여자는 남자의 음경과는 모양이 다르지만, 그와 비슷한 역할을 하는 발기조직이 질 주변을 감싸고 있다. 즉 **보이지 않지만 여자도 발기를 한다**는 뜻이다. 따라서 적재적소로 애무하면 **여자의 성기도 발기하고, 거기에 윤활유까지 더해져 한껏 부풀어 오른 발기조직에 둘러싸인 질에 삽입할 때 절로 '명기'라는 말이 떠오를 것**이다.

명기를 만드는 핵심 부위 중 첫 번째는 음핵이다. 알고 있는가? 음핵은 여성의 몸에서 오로지 성적 쾌감을 위해서만 존재하는 곳이다. 순수 우리말로는 '공알'이라고 하는데, 과거에는 감씨라고 부르기도 했다. 음핵은 남성의 음경처럼 발기 기관이다. 그래서 성적 흥분 상태에서는 크기도 커지고 어느 정도 딱딱해진다. 더 놀라운 사실은 음핵은 겉과 속이 완전히 다른 기관이라는 것이다. 겉으로 봤을 때는 콩알만 한 작은 형태지만, 실제는 질을 중심으로 'ㅅ' 모양으로 내부까지 연결된 큰 발기

조직이다. 음핵뿐만 아니라 '질전정'이라 해서 질을 싸고 있는 혈관주머니, 소음순, 대음순 등 발기 기능을 가진 질 주변부 여러 기관들이 하나의 장기처럼 성적으로 흥분했을 때 유기적으로 작용한다. 명기를 만들기 위해서는 이 부위를 어떻게 공략하는가가 중요하다.

음핵은 매우 예민하다. 여자의 오르가즘에 가장 확실한 곳이라고는 하지만 그렇다고 직접적으로 세게 문지르며 애무하는 것은 매우 잘못된 방법이다. 가장 좋은 방법은 주변부에서부터 음핵 쪽으로, 가벼운 터치로 시작해서 부드러운 압력을 슬쩍 주는 것 정도다. 아이러니하게도 여자가 흥분할수록 음핵은 점점 안으로 숨어버려서 삽입만으로는 음핵을 직접 자극하기 어렵다. 삽입 때 남자의 귀두가 소음순에 압력을 가하면 간접적인 자극도 되지만, 여자가 충분하게 발기되지 않은 상태라면 이 정도로는 오르가즘을 느끼기 어렵다. 이럴 때는 삽입상태에서 음핵을 같이 자극해주면 좋다.

오르가즘을 느낀 뒤 자신의 외성기 즉 음핵이나 소음순을 만져보면 평상시보다 부풀어 있는 것을 느낄 수 있다. 발기된 음핵은 비교할 수 없을 정도로 자극에 예민하다. 이 음핵을 잘 자극하면 오르가즘을 쉽게 느낄 수 있으니, 여성 스스로 자위를 통해서라도 경험하고 인지하는 것이 중요하다. 음핵에는 약 8천 개의 신경말단이 집중되어 있어 8천 개의 '러브 스위치'라고도 한다. 이 스위치를 켜는 데는 특별한 기술이나 에너지가 필요하지 않으니, 적극적으로 활용하는 것이 좋다.

    음핵 외에도 여성의 성감대 중 민감도가 높은 스팟이 여럿 존재한다. 이 스팟들은 애무 과정이나 성교 떠 적절히 자극받으면 성적 느낌도 좋을 뿐만 아니라 보다 쉽고 빠르게 오르가즘에 도달할 수 있다.

    U-스팟은 요도의 끝을 말한다. 요도 입구 자체보다는 위쪽과 양쪽 옆 부분이 매우 민감하다. 단, 예민한 만큼 통증이나 불쾌감도 크기 때문에 조심스럽게 자극해야 한다.

    질 내에는 G-스팟과 A-스팟이 있다. G-스팟은 근래 많은 이슈를 만들어내고 있어 한 번쯤은 들어보았을 것이다. "자, 여기가 바로 G-스팟입니다." 성 강의를 할 때 사람들이 가장 눈을 반짝거리는 순간이다. 그만큼 관심이 많고, 이곳만 집중공략하면 여성을 '단번에 오르가즘에 이르게 할 수 있다'는 말로 논란이 많다. G-스팟은 이 부위를 처음 발견한 사람의 이름 첫 글자를 딴 것인데, 질 입구에서 별로 깊지 않은 질 앞면에 위치한 작은 부분이다.

    A-스팟은 '전원개(anterior fornix)'라는 부위에 위치해 A-스팟이라고 부른다. 질의 가장 깊은 곳에서 방광이 있는 질 앞면을 자극하면 쾌감도가 높아지고 질 윤활액 분비가 매우 빠르게

촉진되는 것으로 알려져 있다.

성감이 충분히 개발되지 않았거나 오르가즘에 도달하기 힘든 여자라면 손가락을 적절하게 사용하는 게 좋다. 절대적이지는 않지만 **여자는 남자와 달리 삽입 성교만으로 오르가즘을 느끼기 어렵다.** 때문에 그저 오랜 삽입 시간, 힘찬 피스톤 운동으로 오르가즘을 느끼게 할 수 있다는 착각은 금물이다. 오히려 대부분의 여성은 음핵과 소음순, 그리고 질 입구 쪽으로 가해지는 부드러운 손가락 자극에 훨씬 강한 흥분을 느낄 뿐 아니라 오르가즘에도 이른다는 사실을 깨닫기 바란다.

G-스팟은 자극하면 질하부 근육이 저절로 수축하면서 더 세게 조여지는 느낌을 받게 된다. 주의할 것은 모든 여성이 이 스팟들을 자극했을 때 흥분하는 건 아니라는 점이다. 아직 성감대로 개발되지 못했거나 흥분될 만한 적절한 자극을 받지 못했거나 G-스팟이 아예 존재하지 않아서일 수도 있다. 또한 이 부위들이 매우 민감한 만큼 자극 방법이나 강도, 자극 시간 등도 매우 중요하다. 특히 준비가 안 된 상태에서 이런 부위를 강하고 세게 자극하면 오히려 통증만 유발된다. 성관계를 할 때마다 매번 이런 통증을 느끼면 여성은 통증에 대한 두려움, 회피 의식이 발동돼 흥분은커녕 섹스 기피 현상까지 생길 수 있으니 조심하자.

섹스 자세도 누구나 하는 피스톤 운동보다 남녀의 골반이 위

아래로 함께 움직이는 새로운 방법을 시도해보면 좋다. '캣 (CAT) 기법'이라는 이 방법은 남성의 성기-질에 깊이 삽입된 채 두 사람의 골반 치골 부위를 서로 밀착해 위아래 같은 방향으로 움직이는 것이다. 여성은 음핵, 요도구 주변, G-스팟 등 여러 성감대에 지속적인 자극을 받을 수 있고, 남성은 음경 뿌리에 성적 자극이 가해지면서 남녀 모두 빠르고 쉬운, 강렬한 오르가즘에 도달한다는 게 장점이다.

오래된 부부생활에 뭐 이런 것 하나하나를 다 신경 쓰고 챙기나 싶어 간단하게 수술을 원하는 사람도 있다. 일명 '이쁜이 수술'이 그것이다. 물론 방광류, 직장류처럼 골반 장기탈출증을 겪고 있다면 당연히 수술이 필요하다. 하지만 단지 남편을 만족시키기 위해 수술을 결정하는 거라면 깊은 고민을 권한다. '꽉 조이는 명기'가 만들어지는 걸까? 수술을 하면 여성 자신의 성적 쾌감도 높아지고, 오르가즘도 쉽게 느낄 수 있게 될까?

여성의 질 모양은 원통형이 아닌 납작한 형태로 남성 성기와 귀두를 적절히 밀착하게 되어 있다. 흔히 출산으로 질이 늘어났다는 건 오해이자 잘못된 상식이라는 얘기다. 질 근육은 뛰어난 신축성으로 그것이 출산 때문에 단번에 늘어나는 일은 있을 수 없다. 다만 나이가 들수록 몸의 다른 근육이 탄력을 잃는 것처럼 질 근육도 탄력성이 차츰 떨어질 수는 있기에 케겔 운동으로 탄력을 재생시키면 된다.

이쁜이 수술을 받으러 찾아오는 여성들에게 수술 전에 케겔운동을 추천하는 것이 바로 그 이유다. 단, 케겔운동도 올바른 방법으로 해야 한다. 단순히 아랫부분을 조이는 것이라 생각하면 배에만 힘이 들어가게 된다. 또 잘못된 방법으로 운동하면 요실금이 악화되거나 아래 골반의 근육이 처지는 부작용을 가져올 수도 있다. 우선 소변을 보다가 잠시 멈추는 동작을 서너 차례 반복하면서 근육을 수축하는 것이 어떤 느낌인지 확인한다. 그래도 그 느낌을 잘 모르겠다면 본인이 직접 질 안을 만져보고 죄어 보면 질 입구 3~4cm 깊이의 근육을 인지할 수 있다. 이때 질을 조이는 대신 손가락을 밑으로 미는 반응을 보이는 것은 복부 근육 등을 사용하는 것이므로 잘못된 방법이다. 단, 한창 뜨겁게 관계가 진행 중일 때는 케겔운동을 하지 않는 게 좋다. 그것이 남성에게는 조이는 느낌을 받아 좋을지 몰라도, 여성의 성적 쾌감을 높이는 데는 도움이 되지 않기 때문이다.

질 성형술로 단순히 질 크기를 줄인다고 해서 남성들이 원하는 느낌을 줄 수 있는 것은 아니다. 남성의 발기와 비슷하게 여성도 충분한 애무로 흥분이 되면 질 근육이 훨씬 탄력성을 지니게 된다. 골반의 혈류량이 증가해 질을 둘러싼 전정이라는 혈관주머니가 부풀어 올라 남성의 성기를 감싸 조이게 되는 것이다. 따라서 흔히 말하는 '따뜻하고 부드럽게 조여 오는 느낌'을 주는 명기라는 것은 단지 여성이 골반 근육을 수축시켜 질이 좁아지고 탄탄해지면 얻어지는 것이 아니라는 뜻이다. 진정한 '명기'는 남녀가 사랑으로 맺어져 서로 성적 자극과 충분한 흥분 반응을 통해 질의 탄력성을 높이고 질 주위 혈관주머니를 적절하게 부풀어 오르게 할 때 얻어지는 것이다.

양은냄비 '남자',
뚝배기 '여자'

"소설이나 영화 그거 다 과장이고 거짓말이야. 영화를 보면 항상 남녀가 같이 오르가즘을 느끼고 둘 다 만족스러운 듯이 나가떨어지는데…. 진짜 영화에서나 가능한 거지. 현실에서 는 그런 거 없어."

오랜만에 여고 동창들을 만나면 19금 수다가 끝없이 이어진 다. 남편 흉부터 시댁 식구 이야기, 자식들 이야기까지. 깊은 대화가 오가다 보면 결국 밤일에 대한 불평불만이 여기저기서 터져 나온다. 정말 그럴까? 남녀가 동시에 느끼는 오르가즘은 현실에서 존재하지 않는 것일까? 그렇지 않다. 어떻게 생각하고, 행동하느냐에 따라 영화 속 한 장면처럼 함께 황홀하게 나가떨어지느냐, 아니냐로 나뉠 뿐이다. 단, 몇 가지는 반드시 유념해야 할 것들이 있다.

먼저 남녀 오르가즘의 차이다. 남자는 아무 것도 하지 않고 오직 삽입만으로 오르가즘을 느낄 수 있다. 대부분 음경 삽입 후 3분 이내에 사정을 하면서 오르가즘을 느낄 수 있는 것이다. 하지만 **여성의 경우 평생 단 한 번도 오르가즘을 경험하지 못하는 경우도 있고, 단 한 번의 섹스만으로 여러 번의 오르가즘을 경험하는 소위 '멀티오르가즘'을 느끼는 여성도 있다.** 또한 여성의 경우 삽입 전 애무 없이 삽입만으로 오르가즘을 느끼려고 한다면 평균 16분 이상 삽입 성교를 해야 가능하다. 그만큼 남녀 오르가즘의 차이는 크다.

남녀의 오르가즘을 '양은냄비와 뚝배기', '물과 불'이라고 표현한 것을 한 번쯤은 들어봤을 것이다. 이게 무슨 말인가? 여성은 오르가즘에 도달하기까지 뚝배기가 끓는 것처럼 많은 시간이 걸리지만 일단 끓고 나면 그 느낌이 서서히 낮아진다. 또 성 욕구가 충동적이고 급진적이어서 급히 사정하고 쉽게 꺼지는 불(火)과 같은 남성에 비해 여성은 천천히 끓어오른 뒤 쉽게 식지 않는 물(水)과 같다.

양은냄비, 불과 같은 남성의 오르가즘은 정액의 사정으로 나타나기 때문에 쉽게 구분된다. 대개 0.8초 주기로 3~4회 강한 사정이 나타나고 이후 약한 사정이 수 회 뒤따르면서 정액을 사정한다. 남성은 오르가즘에 도달하는 시간이 짧고, 사정을 하면 발기력이 매우 빨리 소실돼 오르가즘으로 인한 느낌도 금방 사라진다. 그리고 성교 욕구도 급격히 사라진다. 또 **남성은 한 번 사정한 뒤 일정 시간이 지나기까지는 누가 어떤 자극을 해도 재발기와 재사정이 불가능한 '무반응기'에 빠진다.** 이런 무반응기는 20대에는 사정 후 1분 이내, 30대는 수십 분 후, 50대 후반이 되면 수 시간에서 하루가 지나야 재발기가 가능하다.

반면, **여성은 한 번 오르가즘을 느끼게 되면 작은 자극에도 제2, 제3의 오르가즘을 느낄 수 있다. 오르가즘에 도달하는 횟수가 많으면 많을수록 절정에 달하는 횟수도 많고, 또한 절정 순간의 오르가즘도 최고가 된다.** 이 현상을 '점층적 쾌감'이라고 부르는데, 이 역시 남성과는 분명하게 구분되는 생리적 현상이다. 나이가 들면서 성 경험이 많아지면 질수록 오르가즘 횟수도 늘어나고, 쉽게 도달한다.

그렇다면 마치, 건널 수 없는 강처럼 뚜렷한 시간차와 반응 차이를 어떻게 극복하고 같이 정상에 오르는 기쁨을 누릴 수 있을까? 일단 오르가즘이 올 때까지 서로 여러 가지 메시지를 교환하고, 상대의 흥분 정도를 확인하면서 관계를 진행한다면 성공률이 높다. 대개 서서히 흥분되는 여성의 흥분 정도에 맞추는 게 좋다.

> *"무슨 KTX도 아니고 조금 전까지만 해도 부드럽게 시작하던 남편이 삽입만 하면, 무슨 운동이라도 하는 것처럼 앞뒤 가리지 않고 달리기만 해요."*
>
> *"100m 전력 질주하듯이 마구 내달리다가 결국 혼자 뻗어버려요."*

 남자들은 모르는 여자들만의 속 이야기다. 밥 짓는 데도 무조건 센 불로 하면 맛있는 밥은커녕, 홀라당 타버리기 쉽다. 약한 불에서 센 불까지 단계별로, 시간별로 불 조절을 잘 해야 기름지고 맛있는 밥을 지을 수 있다. 섹스도 세기와 속도 조절이 중요하다. 무조건 빨리 그리고 깊숙하게 진퇴 운동을 하는 것이 여자를 흥분시키고 남자다운 것이라 자부하는 남자들은 여자들의 불평불만을 모른다. 있는 힘, 없는 힘 다해 애를 썼지만 효과 없이 기대에 못 미친다면 얼마나 억울한가. 여자가 충분히 뜨거워지기 전부터 빠르게 앞뒤로 움직이는 것은 여자의 성감을 망친다. 또 열심히 애무로 달궈 놓은 몸에 찬물을 끼었는 일이다. "아!" 소리가 아파서 내뱉는 건지, 남자의 체중에 힘겨워 내는 소리인지, 아니면 진짜 쾌감에 몸 둘 바를 몰라 내는 소리인지 정확하게 알아야 한다. 실제로 조루가 아닌데도 무조건 빨리 하다가 아내의 만족과는 상관없이 본인의 흥분을 제어하지 못해 사정을 해버리면 억울하게 '토끼' 취급 받기 십상이다.

 그렇다면 어떻게 해야 윈-윈이 될까? 우선 천천히 삽입해야 한다. 그리고 부드럽게 피스톤 운동을 시작한다. 전후가 아닌 상하의 움직임도 충분히 활용한다. 이후 여자의 숨소리에 집중하면서 속도를 올린다. 허나 일단 시작하고 나면 천천히 하겠다고 마음먹었어도 점점 깊고 빠르게 움직이기 쉽다. 그야말로 사정을 향해 달려가는 것이다. 이럴 때는 주도권을 여자가 잡고 남자는 속도와 깊이를 얕게 조절해야 한다. 혹은 리드권을 받은 여성이 '천천히' 또는 '너무 깊다'는 간단한 표현을 하면 속도와 깊이를 조절할 수 있을 것이다.
 정곡이 되는 부위를 공략하고 싶다면 성적 자극에 예민한 G-스팟을 중점적으로 노려보자. G-스팟은 질 입구에서 2~5cm 이내로, 손가락 두 마디 정도만 들어가도 충분할 만큼 앞쪽에 있다. 또 질 바깥쪽 3분의 1 부위에 성적 감각이 주로 분포되어 있기 때문에 이곳을 자극하는 것도 아주 좋다. 때문에 삽입 때 귀두 부분을 적절히 잘 이용해야 한다. 음경의 끝부분인 귀두가 질 입구부터 3분의 1 구간 및 G-스팟 부위에 시원한 자극을 줄 수 있도록 삽입의 깊이와 속도를 조절해야 한다. 남성의 귀두 역시 감각이 매우 예민한 곳이니 일석이조의 효과라 볼 수 있다. 물론 음경 자극이 깊고 빠르다고 해서 자극이 안 되는 것은 아니다. 삽입 전 오르가즘에 이를 정도의 애무가 먼저 되어 있다면 음경 삽입만으로도 오르가즘을 느끼기에 충분하다.

오르가즘. 누구나 느껴보고 싶어 하는 황홀세계, 한 번 빠지면 이내 중독되고 싶어지는 황홀경. 그러니 지금 영화 같은 쌍방 오르가즘을 느끼지 못한다고 좌절해서는 안 된다. 오르가즘의 차이 그리고 올바른 이해와 노력 의지만 있다면 언제든 서로가 최고의 선물을 선사하는 날은 올 것이다.

여성 성기능 지수 검사

다음 문항은 지난 4주간 귀하의 성적인 느낌과 반응에 관해서 묻는 내용입니다. 이 질문에 대해서 가능한 한 솔직하게 대답해주십시오. 각 문항에 대해서는 가장 근접한 하나의 답만 고르시오.

1. 지난 4주 동안 성욕이나 흥미를 얼마나 자주 느꼈습니까?
   ① 항상 느낀다   ② 대부분 느낀다   ③ 중간 정도 느낀다
   ④ 가끔 느낀다   ⑤ 거의 안 느낀다

2. 지난 4주 동안 성욕이나 흥미가 어느 정도였습니까?
   ① 매우 높은 편   ② 높은 편이다   ③ 중간 정도이다
   ④ 낮은 편이다   ⑤ 매우 낮은 편이다

3. 지난 4주 동안 성행위(성교 포함)를 하는 동안, 성적 흥분이 얼마나 자주 되었습니까?
   ① 성행위가 없었다   ② 항상 되었다   ③ 대부분 되었다
   ④ 중간 정도 되었다   ⑤ 가끔 되었다   ⑥ 거의 되지 않았다

4. 지난 4주 동안 성행위(성교 포함)를 하는 동안, 성적 흥분은 어느 정도였습니까?
   ① 성행위가 없었다   ② 매우 높은 편이다   ③ 높은 편이다
   ④ 중간 정도이다   ⑤ 낮은 편이다   ⑥ 매우 낮은 편이다

5. 지난 4주 동안 성행위(성교 포함)를 하는 동안, 성적으로 흥분할 수 있다는 자신감이 어느 정도였습니까?

① 성행위가 없었다　　② 매우 높은 편이다　　③ 높은 편이다

④ 중간 정도이다　　　⑤ 낮은 편이다　　　　⑥ 매우 낮은 편이다

6. 지난 4주 동안 성적 자극이 있거나 성교를 했을 때, 자신의 성적 흥분에 대해 얼마나 만족하십니까?

① 성행위가 없었다　　② 항상 만족한다　　　③ 대부분 만족한다

④ 중간 정도이다　　　⑤ 대체로 불만족한다　⑥ 거의 만족하지 못한다

7. 지난 4주 동안 성적 자극이 있거나 성교를 했을 때, 윤활액이 얼마나 자주 분비되었습니까?

① 성행위가 없었다　　② 항상 분비되었다　　③ 대부분 분비되었다

④ 중간 정도이다　　　⑤ 가끔 분비되었다　　⑥ 거의 분비되지 않았다

8. 지난 4주 동안 성적 자극이 있거나 성교 시작 시, 윤활액 분비가 얼마나 어려웠습니까?

① 성행위가 없었다　　② 거의 불가능했다　　③ 매우 어려웠다

④ 어려웠다　　　　　⑤ 약간 어려웠다　　　⑥ 어렵지 않았다

9. 지난 4주 동안 성행위(성교 포함)를 마칠 때까지 윤활액의 분비
   를 얼마나 지속할 수 있었습니까?
   ① 성행위가 없었다 ② 항상 가능했다   ③ 대부분 가능했다
   ④ 중간 정도이다 ⑤ 가끔 가능했다   ⑥ 거의 불가능했다

10. 지난 4주 동안 성교를 마칠 때까지 윤활액의 분비가 얼마나 어
    려웠습니까?
    ① 성행위가 없었다 ② 거의 불가능했다 ③ 매우 어려웠다
    ④ 어려웠다   ⑤ 약간 어려웠다   ⑥ 어렵지 않았다

11. 지난 4주 동안 성적 자극이 있거나 성교를 했을 때 오르가즘(절
    정감)을 얼마나 자주 느꼈습니까?
    ① 성행위가 없었다 ② 항상 느꼈다   ③ 대부분 느꼈다
    ④ 중간 정도이다 ⑤ 가끔 느꼈다   ⑥ 거의 느끼지 못했다

12. 지난 4주 동안 성적 자극이 있거나 성교를 했을 때, 오르가즘(절
    정감)에 도달하는 데 얼마나 어려웠습니까?
    ① 성행위가 없었다 ② 거의 불가능했다 ③ 매우 어려웠다
    ④ 어려웠다   ⑤ 약간 어려웠다   ⑥ 어렵지 않았다

13. 지난 4주 동안 성행위나 성교 시 오르가즘(절정감)에 도달할 수 있는 자신의 능력에 대해 얼마나 만족하십니까?

① 성행위가 없었다 ② 항상 만족한다 ③ 대체로 만족한다
④ 중간 정도이다 ⑤ 대체로 불만족한다 ⑥ 거의 만족하지 못한다

14. 지난 4주 동안 성행위 시 파트너와 정서적 친밀감에 대해서 얼마나 만족하십니까?

① 성행위가 없었다 ② 항상 만족한다 ③ 대체로 만족한다
④ 중간 정도이다 ⑤ 대체로 불만족한다 ⑥ 거의 만족하지 못한다

15. 지난 4주 동안 파트너와의 성관계에 대해서 얼마나 만족하십니까?

① 항상 만족한다 ② 대부분 만족한다 ③ 중간 정도이다
④ 대체로 불만족한다 ⑤ 거의 만족하지 못한다

16. 지난 4주 동안 전반적인 성생활에 대해서 얼마나 만족하십니까?

① 항상 만족한다 ② 대부분 만족한다 ③ 중간 정도이다
④ 대체로 불만족한다 ⑤ 거의 만족하지 못한다

17. 지난 4주 동안 질 내 삽입 시 통증이 얼마나 자주 있었습니까?

  ① 성행위가 없었다 ② 항상 통증이 있었다 ③ 대부분 통증이 있었다

  ④ 중간 정도이다 ⑤ 가끔 통증이 있었다 ⑥ 거의 대부분 통증이 없었다

18. 지난 4주 동안 성교 중 통증이 얼마나 자주 있었습니까?

  ① 성행위가 없었다 ② 항상 통증이 있었다 ③ 대부분 통증이 있었다

  ④ 중간 정도이다 ⑤ 가끔 통증이 있었다 ⑥ 거의 대부분 통증이 없었다

19. 지난 4주 동안 질 내 삽입 시 또는 성교 중 통증이 얼마나 자주 있었
   습니까?

  ① 성행위가 없었다 ② 항상 통증이 있었다 ③ 대부분 통증이 있었다

  ④ 중간 정도이다 ⑤ 가끔 통증이 있었다 ⑥ 거의 대부분 통증이 없었다

✓ 각 문항별로 5점, 6점 만점으로 점수를 매긴다. 영역별 전체 문
   항 총점을 낸 뒤 문항 수로 나누어 평균을 낸다.

✓ 총점이 25~26점이거나, 6개 영역에 대한 점수가 모두 3~4점 수
   준인 경우, 정상적인 성기능을 유지하고 있는 것으로 판단한다.

✓ 각 영역별 점수가 3~4점 미만일 경우에는 성기능 및 만족도가
   정상을 못 미치는 수준이며, 3~4점 이상인 경우 원활한 성기능
   과 만족스러운 성생활을 하는 것으로 평가할 수 있다.

	문항	점수	지수	최소 점수	최고 점수
성욕	1, 2	1~5	0.6	1.2	6.0
흥분	3, 4, 5, 6	0~5	0.3	0	6.0
윤활	7, 8, 9, 10	0~5	0.3	0	6.0
오르가즘	11, 12, 13	0~5	0.4	0	6.0
만족감	14, 15, 16	0(or 1)~5	0.4	0	6.0
통증	17, 18, 19	0~5	0.4	0	6.0

입으로
좀 해줘요

"요즘 남자친구랑 관계를 맺는 게 너무 힘들어요. 언제부턴가 남자친구가 자꾸 입으로 해달라고 해요. 근데 제가 비위도 좀 약하고, 뭐랄까… 그냥 내가 좋아서 하는 것보다는 남자친구가 해달라고 졸라서 억지로 해주다 보니까 기분도 안 좋고, 그날 관계 자체에도 집중이 잘 안 돼요."

여자들 중에는 특히 '오럴'에 거부감을 갖는 이들이 있다. 20

대 중반의 이 젊은 여성은 오럴에 큰 거부감을 가지고 있었다. 젊은 여성들 중에는 자신이 하는 오럴뿐 아니라 자신이 받는 오럴 역시 거부감을 갖는 경우가 많다. 대거는 상대가 요구해서 하는 경우 많다 보니, 이 젊은 여성처럼 행위 자체에 대한 거부감뿐 아니라 감정적 불쾌감을 느끼기도 한다.

> "연애 때는 안 그랬는데, 결혼하고서부터 남편이 자꾸 입으로 하려고 해요. 저는 그게 너무 싫거든요. 각 흥분했다가도 그걸 하려고 하면, 하고 싶은 마음이 싹 사라져요. 씻고 하면 그래도 괜찮은데, 샤워도 안 한 상태에서 하면 좀 더러운 것 같고, 냄새가 날 것 같은데…. 이대로 해도 괜찮나요?"

결혼한 지 이제 막 1년이 됐다는 새댁 A씨는 오럴 섹스에 큰 거부감을 가지고 있었다. 남편과의 관계는 단족스러운 편인데, 오럴 섹스만 하면 몸이 식으니 꽤 큰 문제였다. 이처럼 오럴이 무조건 지저분하고 나쁜 것이라고 오해를 하는 사람들이 많다. 이런 경우에는 전문서적이나 지식의 도움을 받는 것이 좋다.

밀월성방광염으로 고생한 새신부에게 방광염 예방교육을 한 적이 있었다. 질병에 대한 얘기로 시작했지만 자연스레 성생활에 대한 이야기도 나누게 되었다. 섹스만 하고 나면 소변을 볼 때 아프고, 소변을 자주 보고, 하복부 통증이 느껴진다는 그녀.

신혼의 단꿈이 아니라 반복적인 급성방광염에 시달리고 있는 것이었다. 그러니 섹스 경험이 많지 않은 그녀로서는 당연히 섹스를 피하고 싶어 했다. 특히 오럴 섹스로 인해 병이나 세균이 옮는 것은 아닌지 두려워하기도 했다.

오럴 섹스는 검증된 파트너와 위생적인 상태로 한다면 안전하다고 할 수 있다. 오랫동안 동고동락한 부부인 경우에, 물론 외도라는 바깥바람을 쐬지 않았다는 전제하에서 섹스 전 깨끗하게 씻고 즐기는 것이면 크게 문제 될 것은 없다. 입과 입이 하는 키스와 별반 다르지 않은 것이다. 오히려 다양한 섹스의 한 패턴으로, 소프트한 느낌을 줄 수 있는 오럴 섹스는 성감을 깨우는 데 유리하기도 하다.

하지만 마냥 무신경해서도 안 된다. 오럴 섹스로는 성병에 걸리지 않는다고 착각하고 제대로 신경 쓰지 않는 경우가 많기 때문이다. 근래 성감염성 구강질환이 증가하고 있다는 것은 이 점을 시사한다. 구강임균 감염과 클라미디아 감염도 성기뿐만 아니라 구강이나 목을 통해 옮길 수 있으며, 에이즈의 원인 바이러스 또한 오럴 섹스로 전염될 수 있다.

특히 임균 감염과 클라미디아 감염 등은 증상이 없거나 있어도 잇몸질환 정도로 오인돼 칫솔질만 열심히 하다 병을 키우는 경우도 많다. 또한 성기포진, 매독 같은 성병이나 간염 바이러스 등도 오럴 섹스 등으로 상처가 났을 때 감염될 가능성이 적긴 하지만 없는 것은 아니다.

따라서 성기 부근에 상처가 있거나 병변이 있으면 당연히 오럴 섹스는 금해야 하지만, 입 주변에 상처나 수포, 흔히 '헐었다'고 말하는 상처 등이 있는 경우라면 더 조심해야 한다. 또한 오럴 섹스 중에 입이든 성기든 상처가 생기거나, 따끔한 느낌이 있다면 병원에서 확인하고 적절한 치료를 받아야 한다.

또한 남성의 성기를 애무할 때에는 너무 강하게 하거나, 치아를 이용해서는 안 된다. 최대한 치아가 성기에 직접적으로 닿지 않게, 귀두만 입안에 넣고 약하게 해주는 것이 좋다. 이때 남성은 여성의 목 깊숙이 성기를 밀어 넣는 행위를 해서는 안 된다. 이 경우 순간적으로 기도가 막히며 토할 것 같은 느낌을 받기 때문에 감정적으로뿐 아니라 실제 물리적으로도 힘들어지기 때문이다. 또 오럴 섹스를 하다 입안에 사정을 하게 되는 경우가 있는데, **남성의 정액은 먹어도 건강상에 큰 문제는 없다.** 하지만 정액 특유의 냄새와 찐득찐득한 느낌 때문에 구토를 하는 여성이 꽤 많다고 하니, 이 부분은 파트너와 충분히 대화를 나눈 후 사전에 동의를 얻는 것이 좋다.

여성의 성기를 애무할 때는 질까지 하는 것보다는 음핵과 소음순 부분까지만 애무해도 충분하다. 오히려 질까지 과하게 애무릎 하게 되면 흥분보다는 통증을 느낄 수 있으니 조심해야 한다. 이런 것들만 조심한다면 오럴 섹스는 권태로운 관계에는 큰 활력소를 줄 것이고, 이제 막 성생활을 시작한 이들에게는 다양한 방법으로 섹스를 즐길 수 있다는 것을 알게 해줄 것이다.

크면 장땡?
모르는 소리!

오랜만에 병원을 찾은 30대 후반 남성 A씨는 척수손상 환자다. 공사장에서 일을 하다 추락사고로 허리를 다치면서 척수가끊겨버렸다. 스스로 소변을 볼 수 없어 하루에 3, 4회 요도관을 이용한다. 소변 관리, 방광 관리 때문에 주기적으로 병원을방문해야 하는데 한동안 뜸해서 소식을 궁금하던 차였다. 그런데 A씨의 낯빛이 좋지 않았다. 아픈 와중에도 항상 긍정적이고미소를 잃지 않았는데, 조심스레 이유를 물으니 예전과는 다른 증세가 생겨서 걱정이 많아졌다고 한다.

> "얼마 전부터 요도관이 잘 안 들어갑니다. 억지로 몇 번 넣었
> 더니 피도 묻어나오고 염증도 생긴 것 같고요. 사실은 몸이
> 이렇게 되고서 주변 사람들이나 아내가 나를 무시하는 것 같
> 고, 남자로서 구실도 제대로 못하니 크기라도 좀 키워보자 싶
> 어서…. 제가 괜히 건드려가지고 일을 이 지경으로 만든 것
> 같아요."

  남자로서의 자존심을 세워보고자 성기확대술을 받는 것이
화근이었다. 사실 병원에 있으면 온갖 다양한 모양의 생식기를
보다 보니 웬만해서는 놀라지 않는데, 이 남성의 음경은 심하
게 사이즈가 컸다. 염증이 있어서 벌겋게 부어 있기까지 해서
더 위험해보였다. 다행히 수술까지 필요한 상태는 아니어서 몇
번의 치료를 거친 뒤 염증은 호전되고, 요도확장술로 요도관
진입로도 확보가 되었다.
  마음 한편의 상처와 남자로서 자존감을 되찾고 싶어 사고(?)
를 친 마음이 이해되면서도 안타까웠다. 우리 몸은 한 번 손대
면 다시 되돌리기가 어렵다. 이 남성도 뒤늦게 후회했지만, 다
시 예전으로 돌리기에는 어려움이 많았다.

질병 때문에 병원을 찾는 사람만큼이나 자신의 음경 굵기나 길이가 적당한 것인지 검사받고 싶다며 찾는 남성이 많다. 앳된 얼굴의 한 청년은 자기의 음경이 정상인지 알고 싶다며 병원을 찾았다. 모양이나 휘어짐이 아니라 크기가 정상인지 알고 싶어 했다. 아직 애인은 없지만 그 전에 문제가 없는지 확인해야겠다는 청년은 정말 진지했다. 마치 사형 선고를 기다리는 죄수처럼 안절부절못하는 청년에게 진찰 후 지극히 정상이니 안심하라고 용기를 북돋아주었다.

남자들은 왜 이렇게 크기에 집착할까? 커서 나쁠 게 있느냐고 반박하면 할 말은 없다. 그런데 본인이 크기에 집착하는 근본적인 이유에 먼저 집중해야 하지 않을까? 사랑하는 파트너를 만족시키고 싶어서라면 굳이 수술까지 감행할 필요는 없다. **정말 중요한 것은 크기보다 마음과 섹스 기술**이기 때문이다.

또 다른 이유로 목욕탕이나 사우나에서 다주치는 남성들이 상대의 성기와 자신의 것을 비교하며 생기는 자신감 때문이라고도 하는데, 그 자신감은 결국 섹스에 대한 경쟁심리 때문 아닐까. 과연 성기가 크면 여성은 더 좋을까? 이미 수술까지 치른 남성들에게는 미안하지만, 대답은 'NO'다. 본능에 더 충실하다는 동물의 세계에서조차 성기가 크다는 조건만이 암놈 무리를 독점하지는 못한다. 하지만 여전히 많은 남성들이 음경이 커야 정력이 센 것이고, 여성을 한방에 훅 가게 만드는 남성이라고 믿고 있다. 실제 많은 여성들과 이야기를 나눠보면, 성적으로 만족하지 못하거나 오르가즘을 느껴보지 못한 원인이 남자의 음경이 작아서라고 말하는 이는 거의 없다. 오히려 남자의 배려심이 부족하거나, 혼자만 좋고 끝내는 섹스 방식 때문에 불만스럽다는 답이 대다수다.

삽입 전에는 흥분도 되고 기분이 고조되다가도 음경 삽입 이후 급속히 식어버리는 여성들에게 음경의 크기나 모양이 과연 중요할까? 성적 만족에 영향을 미치는 조건이 남성과 여성은 다르다. **여성은 사랑받는다는 느낌, 정서적인 교감, 배려받고 있다는 느낌에 크게 영향을 받는다. 남성은 자신이 여성을 만족시키고 있다는 자신감이 가장 큰 영향을 미친다.** 음경이 커야 여자가 만족한다고 오해하고 있는 남성이 많으니, 음경 크기에 이렇게 집착하는 것이다.

하지만 진짜 만족스럽고 황홀한 섹스는 남자의 물건 크기가 아니라, 긍정적인 생각에서부터 시작한다. 긍정적인 생각에는 스스로 자신의 몸을 아끼고, 사랑하고, 자신감을 갖는 게 포함된다. 자신의 물건에 자신감을 가지고 사랑해야 파트너를 만족시키려는 섹스가 아니라, 나도 즐기는 진짜 섹스를 할 수 있다. 물건 길이나 굵기에 집착하며 수술을 생각하기에 앞서 상대와 나누는 진솔한 대화, 파트너가 원하는 애무 방법, 성감대 찾기 등을 먼저 하자. 큰 물건이 없어도, 당신이 여자를 만족시키고 싶어 안달한다는 것만으로도 파트너는 이미 오르가즘을 느낄 것이다!

여자는 남자와 달리 삽입 성교만으로 오르가즘을 느끼기 어렵다.
때문에 그저 오랜 삽입 시간, 힘찬 피스톤 운동만으로는
여자는 오르가즘을 느끼기 어렵다.
오히려 음핵과 소음순, 질 입구 쪽으로 가해지는 부드러운 손가락에 자극에
훨씬 강한 흥분을 느낄 뿐 아니라
이것만으로도 으르가즘에 이를 수 있다.

섹스!
꼭 침대에서만 하란 법 있어?

고열로 내과에 입원한 20대 여성 환자가 상담을 원한다며 진료실을 찾았다. 이 여성은 쯔쯔가무시병으로 치료를 받고 있었다. 조심스러운 표정으로 앉은 여성은 좀처럼 입이 떨어지지 않는지 한참을 망설이다 입을 열었다.

"내과에서 상담할 때는 창피해서 솔직히 말을 안했어요. 야외로 소풍 나갔다가 이렇게 됐다고 말했는데 사실은 아니거

든요. 혹시 성병 같은 게 아닌가 무섭기도 하고, 검사를 더 해
봐야 할 것 같아서 왔어요."

이 여성의 사연은 이렇다. 남자친구와 카섹스를 계획하고 은
밀한 장소를 찾아서 시작했는데, 실제로 해보니 너무 불편했
다. 이미 시작된 후라 멈출 수는 없고, 자세는 안 나오고 급하
다 보니 엉겁결에 자리도 안 깔고 야외에서 섹스를 하게 된 것
이다. 그리고 열흘 후 갑작스런 고열과 두통으로 병원에 입원
했다.

쯔쯔가무시병은 쯔쯔가무시균에 감염된 진드기의 유충에 물
려서 균이 감염되는 경우 발생한다. 진드기 유충이 피부에 붙
어 피를 빨아먹은 부위에 가피라고 딱지가 생기는 것이 특징
인데, 이를 발견할 경우 쯔쯔가무시병을 의심할 수 있다. 이 여
성의 경우 가피가 엉덩이에 있어서 내과 진료 때 차마 보여줄
수 없었다고 한다. 열이 떨어지면서 온몸에 발진도 생기고 왠
지 외음부에 통증도 있는 듯해서 혹시 성병이나 다른 질병에
걸린 것이 아닌가 걱정했다. 검사 결과 다행히 다른 이상은 없
었다.

"너무 부끄러워서 다른 사람한테 말도 못 꺼내겠어요. 남자
친구는 죽을죄를 지었다며 다시는 이런 짓 하지 말자고 하더

깨끗하고 정돈된 침대 위에서, 청결한 몸으로 하는 섹스는 분명 안전하다. 하지만 이런 섹스만 고집하다 보면 어느 순간 질리고 재미없어질 수 있다. 병원을 찾은 권태기에 빠진 부부에게 항상 하는 말이 "다양한 섹스를 하라"다. 기존에 시도하지 않았던 섹스는 권태로운 관계에 새로운 불씨가 되긴 하지만, 앞서 여성처럼 예상치 못했던 결과를 가져오기도 한다.

'위험한 섹스'는 분명 짜릿하다. 영화에서나 보던 야외에서의 섹스나 물속이나 차에서 하는 섹스를 한 번쯤은 상상해봤을 것이다. 야외에서의 섹스는 상상만 해도 짜릿한 경험이겠지만, 되도록이면 맨땅에 헤딩은 하지 말자. 반드시 돗자리나 수건 등을 준비해서 맨 몸이 땅에 닿지 않도록 해야 한다. 운이 없으면 쯔쯔가무시나 유행성 출혈열에 노출되어 병원 신세를 지게 될 수도 있다. 또한 흙이나 모래 등으로 인해 질염이나 생식기에 상처가 생길 위험이 크니 조심하는 것이 좋다.

낯선 여행지에서의 섹스는 어떠한가. 특히 아무도 없는 수영장이나 바다에서의 섹스는 누구나 꿈꾸는 낭만적이고 흥분되는 상황이다. 그러나 이때 주의할 것은 물속에서 애무까지는 좋지만, 삽입은 되도록이면 물 밖에서 하는 것이 좋다. 물속에서의 섹스야 짜릿하겠지만 질 내 공기가 많이 들어가거나, 수

영장의 경우 소독약 성분이 여성의 질 내로 들어가면 애(愛)액이 마르거나 질 내부를 건조하게 만들어 마찰을 크게 만든다. 이 때문에 여자는 성교통을 느낄 수도 있고 방광염이나 질염의 위험성도 높아진다. 욕조에서의 섹스라도 비누 거품이나 세정액 등이 있으니 주의가 필요하다.

카섹스는 어떤가? 온몸이 불타올라 멈추기 힘든 상황에 돌입하기 전 생각해보자. 과연 내 손은 깨끗한가? 차 안을 청소하는 것은 힘들지라도 가장 중요한 도구인 손만이라도 깨끗하게 유지하는 것은 필수다. 그러니 항균제, 물티슈 등을 준비하는 센스가 필요하다.

갑자기 야수로 돌변해 상대에게 본인이 상상만 하던 섹스를 요구하는 경우도 있다. 특히 자신을 가차 없이 때려 달라거나, 상대에게 폭력을 시도하는 경우다. 이때는 처음부터 단호하게 싫다고 말해야 한다. 폭력이 동반된 섹스는 당연히 위험하다. 무리하게 시도하는 애널섹스도 마찬가지다. 또한 낯선 파트너와의 원나잇섹스도 콘돔만으로는 모든 성병을 예방할 수 없기에 큰 위험 폭탄을 안고 달려드는 것과 같다.

분명 새롭고 변형된 섹스는 오래된 커플이나 부부에게 추천할 만하다. 하지만 이런 변형된 섹스를 시도할 때는 순서가 있다. 가장 중요한 것은 상대와의 합의다. 일방적인 시도는 폭력과 다르지 않다. 그리고 새로운 섹스로 노출될 수 있는 위험요소 등을 세심하게 주의할 때 비로소 상상하던 새로운 섹스를 즐길 수 있다. 앞뒤 가리지 않고 무턱대고 시도했다가 예기치 않은 결과에 고생할 수 있으니 조심하자.

뱃살 때문에
서는 게 보이긴 해?

40대 초반 남성 B씨. 겉모습도 정신도 평범하고 건강하다. 그런 그가 병원을 찾은 것은 오직 단 하나, 남성의 자존심인 그것(?)이 말을 듣지 않아서다. 얼마 전부터 갑작스럽게 찾아온 증상이라고 해서 여러 가지 검사를 해봤으나, 혈액검사에서는 이상이 없고 남성 호르몬도 정상이다. 그렇다면 도대체 무엇이 문제일까? 답은 엉뚱한 곳에서 발견됐다. 세밀한 검진이 필요할 것 같아 심장내과에서도 검진을 했는데, 실제 심장의 큰 혈관 세 개 중 두 개가 좁아져 있어서 당장 치료가 필요한 상황이었던 것이다. 단순히 남성 기능의 문제라고만 생각했는데, 생사가 왔다 갔다 하는 위급한 상황이었다.

또 다른 경우도 있다. 이 경우는 50대 초반의 남성으로 지금껏 그런대로 남자 구실을 하며 살았다고 생각했는데, 어느 날 갑자기 그것이 말을 듣지 않아 당혹해하면서 병원을 찾아왔다. 원인으로 의심되는 것은 남성이 그 시기에 심혈관조영술을 받고 협심증으로 치료를 시작했다는 점이었다. 하지만 꼭 해당 치료가 원인인지 알 수 없어 차마 담당의에게는 묻지 못했다고 했다.

정말 발기부전이 심장과 연관이 있을까? '남성의 음경은 작은 심장'이라고도 부른다. 음경 안이 혈관으로 가득 차 있기 때문이다. 음경을 혈관이라 생각해도 무방하다. 여성도 마찬가지다. 여성의 음핵도 혈관으로 가득하며 복부의 큰 혈관으로부터 음핵과 소음순 등 성기로 가는 풍부한 혈관지류가 뻗어 있다. 성적으로 흥분하면 혈액이 남성의 음경과 여성의 외음부에 몰렸다가, 오르가즘을 느낄 때 몰렸던 혈액이 빠지며 긴장이 해소되고 강력한 쾌감을 느끼게 되는 것이다. 결국 성기 자체, 또는 성기 주변의 혈관에 문제가 있거나 피를 내뿜어주는 심장에 문제가 있으면 당연히 성 기능에도 문제가 생길 수밖에 없다. 실제 심근경색증의 64%, 관상동맥우회술을 받은 환자의 57%는 과거에 발기부전을 겪었던 사람들이다.

물론 발기부전이나 여성의 흥분 장애, 오르가즘 장애가 특수 질환에 의한 경우도 종종 있지만, 대부분 혈관과 관련돼 있다고 봐도 무방하다. 이제는 성기능 장애가 단지 그곳만의 문제가 아니라 혈관병의 한 종류로 인식되고 있는 것이다. 그리고 심장, 혈관 치료 약 중 일부는 발기부전을 일으키기도 한다. 고혈압 약제 중 교감신경차단제는 20~40% 정도가 성욕 감퇴, 발기부전, 사정 장애를 일으키며 그 외 알파 아드레날린성 차단제, 베타 아드레날린성 차단제 등 고혈압 치료제나 혈관확장제 등도 비율이 높지는 않지만 발기부전과 관련이 있다.

그럼 도대체 어쩌란 말인가. 치료를 안 해도 발기부전이고, 치료를 해도 약 때문에 발기부전이면 어떻게 해야 한단 말인가? 어떤 질병이든 마찬가지겠지만, 발기부전에 직접적으로 영향을 미치는 질병이니 사전 예방을 철저히 하자는 말이다. 실제 심혈관 질환으로 발기부전이 생기기도 하지만 발기부전은 단순히 성기능 장애가 아니라 심혈관 질환 발병 위험이 높다는 것을 알리는 지표다. 갑자기 발기부전이 오면 남자로서의 삶이 끝난 듯 느껴져 걱정스럽겠지만, 그보다 진짜 나의 삶을 끝낼 수 있는 내 몸의 중심부인 심장을 더 걱정해야 한다.

발기부전의 위험인자로는 고혈압, 당뇨, 흡연, 고지혈증, 비만 등이 있는데, 이 질환들은 심혈관 질환의 위험 인자와도 겹친다. 또한 심장 질환과 발기부전을 동시에 가지고 있을 경우 사망 위험은 2배 이상 높아진다고 한다. 이렇게 살펴보면 결국 발기부전을 예방하는 방법은 심뇌혈관 질환을 예방하는 방법과 동일하며, 문제가 있다면 다른 혈관은 괜찮은지 반드시 확인하고 같이 치료해야 한다.

"요즘 발기가 돼도 영 힘이 없어요. 평소 운동도 열심히 하는 편인데, 도대체 왜 그런지 이유를 모르겠습니다."

발기부전으로 내원한 이 남성은 병력으로 고혈압, 당뇨, 고지혈증을 갖고 있었고, 지금도 여전히 약물치료 중이었다. 앞서 말했듯이 발기라는 것이 결국은 혈관이 확장되고 혈류가 증가하는 현상이기 때문에 심장과 혈관이 튼튼해야 하는데, 이 남성의 병력은 모두 건강한 혈류에 좋지 않은 영향을 끼치는 질환들이었다. 그렇다면 우리는 어떤 것을 조심해야 하는가?

먼저, '소리 없는 살인자' 콜레스테롤을 들여다보자. 전립선 비대증과 성기능 장애로 내원한 환자에게 고지혈증이라서 그것을 같이 치료해야 한다고 했더니, 대뜸 "콜레스테롤과 성기능이 무슨 상관이에요?"라고 묻는다. 여기저기서 콜레스테롤 이야기는 많이 듣는데, 이게 정확히 어떤 질환인지 모르기 때문이다.

콜레스테롤이란 우리 몸의 세포막을 구성하는 성분이며, 담즙, 스트레스를 견디는 부신피질호르몬의 원료다. 더욱이 콜레스테롤은 성 호르몬의 원료가 되는 물질이다. 남성 호르몬과 여성 호르몬은 모두 콜레스테롤에서 생겨 복잡한 과정을 거쳐서 생산된다. 너무 적어도 정상적인 기능 유지에 문제가 되고 성 호르몬 생산에 문제가 될 수 있다. 반대로 많아서 문제가 되는 상태, 즉 고지혈증은 결국 많은 지방성분 물질이 혈관벽에 쌓여 염증을 일으키는 것을 말한다. 우리가 성적인 자극을 받아서 발기가 되거나, 흥분을 하면 모두 혈관 확장이라는 현상으로 이어지는데, 고지혈증을 앓고 있으면 혈관에 이상이 생기고, 혈액을 성기로 보내주는 심장에 이상이 생겨서 성기능장애로 귀착될 수밖에 없는 것이다.

비만은 또 어떤가? 신혼 초 S라인 부인과 몸짱 남편이었던 한 부부. 어느새 세월의 흐름에 묻혀 살이 찌다 보니 예전에 활활 타오르던 잠자리는 이제 '부부 배치기 배틀'을 하는 것 같다며 서로 투덜거린다.

"아무리 아줌마라지만 관리도 안 하고 허리랑 배가 구분도
안 되니 안고 싶은 마음이 생겼다가도, 벗은 몸만 보면 그런
기분이 싹 사라집니다."

　남편은 자신은 문제없다는 듯 아내를 타박하기 바쁘지만, '쌍
둥이를 임신한 것 같은 배를 가졌다'고 남편을 묘사한 아내의
이야기를 들어보면 남편도 마냥 자신만만할 때는 아닌 것 같다.
　남녀 관계에 있어 외모가 큰 영향을 미친다는 것은 확실하다.
특히 성적으로 상대를 바라봤을 때 외모는 큰 축을 이룬다. 그
러다 보니 '비만'은 성생활에 있어서도 걸림돌이 된다. 특히 비
만의 정도가 심한 경우는 외형적인 측면뿐만 아니라 실제 성
기능 저하와도 밀접한 관련이 있어서 문제가 된다.
　최근 연구에 따르면 흔히 살 빼는 수술로 알려진 위성형술을
받은 비만 남성들이 수술 후 남성 호르몬도 증가하고, 성생활
만족도나 배우자를 만족시킬 수 있는 성적 능력이 개선되었다
는 결과가 있었다. 남성에게 비만은 고혈압, 당뇨, 고지혈증 등
대사증후군을 일으키고, 남성 호르몬 저하와 음경으로 가는 혈
액순환 장애로 인해 발기부전 등 성기능 장애를 유발한다. 고혈
압, 고지혈증, 당뇨 삼총사가 있다면 불리한 상황이긴 하지만 극
복 못할 일은 아니다. 열심히 치료하고, 운동하고, 식이 조절하
면서 건강한 신체로 왕성한 성생활을 즐기는 사람들도 많다.

고혈압도 없고, 당뇨, 고지혈증이 없어도 안심은 금물이다. 흡연, 폭식, 폭음, 스트레스와 과로도 이 삼총사만큼이나 위험하기 때문이다. 하루 한 갑 이상의 담배를 피워대면서 혈관을 혹사시키는 데도 '다행히' 아직 음경이 잘 작동하고 있다면, 당신은 음경 혈관에 고마워해야 한다. 아마 음경 입장에서는 최선으로 노력하고 있는 것일 테니까. 그러나 계속 그렇게 살다간 조만간 곧 이별 인사를 하게 될지도 모르니, 고맙다고 말하기 전에 지금 당장 경각심을 가지고 조심해야 한다.

나도 오르가즘에
중독되고 싶다

"남편이 세상 떠난 지 꽤 됐어요. 그동안 혼자 지내다가 얼마 전에 좋은 사람을 만났는데⋯. 저는 지금 이대로도 너무 좋은데, 그 사람은 자꾸 불만스럽다고 하니까 어떻게 해야 할지 모르겠어요."

곱디고운 얼굴과 손을 가진 50대 중년 여성 C씨의 얼굴에 근심이 가득하다. 이 여성은 지금까지 오르가즘이라는 게 뭔지 모르고 살았다고 했다. 남편을 먼저 보내고 맘 맞는 남자친구가 생긴 지금도 마찬가지다. 남편과의 성생활은 주로 남편 위주였기 때문에 오르가즘은 평생 단념하고 살았고, 그래서 섹스도 별 재미가 없었다는 것이다. 그런데 지금 남자친구는 자신을 만족시키려 노력하고, 세심하고 다정하게 대해줘서 점점 섹스가 재밌고 즐겁기까지 하단다. 상황이 이런데도 통 오르가즘을 느끼지 못하니 병원을 찾은 것이다.

"남편과 살 때는 시어머님을 모시고 살았어요. 남편이 첫 남자이기도 했지만 어른 모시고 있으니 늘 긴장도 되고, 남편도 그런 쪽으로는 신경을 크게 쓰지 않아서 항상 뭐 어떻게 하는지도 모르고 했던 것 같아요. 아이를 둘이나 낳았는데도 원래 다들 이러고 사는가 보다 했어요. 그런데 지금 이 사람을 만나고 나서 아, 이렇게도 하는 구나 싶었어요. 새로운 것도 많이 느꼈고요. 남편은 애무나 그런 게 거의 없었는데, 지금 이 사람은 애무를 할 때도 저를 아껴주는 게 느껴져요. 그래서 사실 남들이 말하는 오르가즘이나 그런 걸 느끼지는 듯해도 지금 관계가 만족스러워요. 그런데 이 사람이 좀 걱정을 하더라고요. 자기가 이렇게 해주는데 오르가즘을 못 느낀다고 하니까 이상하게 생각하더라고요. 괜찮다고 몇 번이나 이야기했는데…. 자존심 상해하는 것 같기도 하고, 이전과 비교하는 것 같기도 하고, 나한테 진짜 무슨 문제가 있나 싶기도 하고요."

이 여성에게 문제가 있는 것일까? 여성은 흔히들 말하는 '석녀'인걸까? 여성의 성기능 장애 중 오르가즘 장애는 충분한 자극으로 흥분상태에는 도달하지만 반복적이고 지속적으로 오르가즘을 느끼지 못하거나 지연되는 경우다. 그중에서도 일차성은 한 번도 오르가즘을 경험하지 못하거나 지연되는 경우다. 하지만 많은 중노년의 여성과 상담해보면 비단 이 여성뿐 아니라 평생 단 한 번도 오르가즘을 경험하지 못한 여성이 꽤 많다. 그렇다면 그 수많은 여성 모두 오르가즘 장애인가? 여기서 오르가즘 장애의 정의를 다시 살펴볼 필요가 있다.

남성과 달리 여성의 경우 삽입 성교만으로 오르가즘에 도달하기 어렵다. 오르가즘을 느끼려면 '충분한 자극'이 있어야 하는데, 실제 우리나라 여성에게 그 조건이 충족되는 경우가 많지 않다. 간단히 말하자면 오르가즘을 느낄 만큼 충분하고 적절한 애무가 없어 오르가즘을 느끼지 못한다는 얘기다.

그러나 이 여성의 경우 단순히 애무 부족만이 원인은 아니었다. 그녀에게 '성'이라는 것은 오랫동안 남편이 원하면 소리를 죽이고 그저 빨리 끝나기만을 바라는 행위 그 이상도 이하도 아니었다. 본인이 즐긴다는 개념 자체가 없었던 것이다. 다행히 이제는 본인 스스로도 성욕이라는 것을 느끼고 섹스 자체를 즐기는 단계까지 왔으나, 오랫동안 성에 대해 소극적이고 수동적이었기 때문에 적극적으로 용기를 내는 것에 발목이 잡혔다. 문제 해결을 위해 병원을 찾은 것만으로도 엄청난 용기를 낸 셈이다.

병원을 찾는 여성들에게 가장 먼저 하는 질문이 있다. "본인의 성기를 직접 본 적이 있나요?" "성적으로 흥분했을 때 본인의 성기를 직접 만져보고 본 적이 있나요?" "자위를 해본 적 있나요?" "성과 섹스는 배우고 공부하며 연습이 필요하다는 것을 알고 있나요?"

많은 여성들은 이런 질문을 받은 것 자체에 크게 당황한다. 물론 이 여성도 같은 반응을 보였다. 그리고 모든 질문에 "아니오"라고 답했다. 운이 좋다면 상담 후 여러 번의 교육으로 유두와 음핵을 자극하면 성감이 훨씬 상승하고 오르가즘에 가깝게 도달한다는 것을 발견할 수도 있다. 하지만 문제는 여기서부터다. 그걸 상대에게 어떻게 전달하느냐는 것이다.

차마 말로 할 수 없다면 몸으로 표현해보자. 섹스가 몸으로 하는 사랑의 대화라고 하지 않는가. 구구절절 말할 필요 없이 슬며시 손을 갖다대거나, 관계 중 자세를 조금 바꿔보는 것도 효과적인 표현 방법일 수 있다.

'기회는 준비된 자에게만 허락한다'는 말이 있다. 오르가즘도 마찬가지다. 여성에서 오르가즘은 늘 느낄 수 있는 것도 아니요, 모든 합이 다 맞다 하더라도 컨디션에 따라 다를 수 있는 게 오르가즘이다. 그러나 오르가즘이 어떤 것인지, 나의 몸과 성감이 훈련되고 깨어 있지 않으면 기회가 온다 한들 누리지 못한다. 준비를 하기 위한 첫 걸음은 자기 몸에 대해 공부하는 것이다. 거창하게 해부학 책을 꺼내놓고 그림과 비교하면서 자기 몸에 대해 외우고 공부하라는 것이 아니다. 내 음핵은 어떻게 생겼는지, 내 소음순은 어디고, 질의 모양은 어떤지, 흥분이 됐을 때 나의 성기가 어떻게 변하는지, 질 내외부의 느낌은 어떤지 스스로 느껴보는 것 자체가 매우 훌륭한 성감 훈련이자 교육이다.

어떤 이들은 반문할 수 있다. "이렇게 열심히 공부하고 훈련하면서까지 꼭 오르가즘을 느껴야 하는가?"라고. 이런 질문을 하는 이들에게 되레 묻고 싶다. "섹스의 진짜 묘미도 모른 채 언제까지 의무방어전만 할 것인가"라고. 느껴보지 못한 그 오르가즘이라는 게 궁금하지 않느냐고 말이다.

남자라면 "나는 항상 상대를 만족시키고 있기 때문에 나하고는 상관없는 얘기다"라고 할지도 모르겠다. '내가 느끼니 여자도 느끼겠지'라고 단순하게 생각하는 남자라면 이건 정말 큰 문제다. 이런 남자들은 세상의 모든 여자가 오르가즘을 거의 매번 느낀다고 착각한다. 그러나 평균적으로 보면 25%, 즉 오르가즘을 느끼는 여성이라 하더라도 네 번 중 한 번 정도만 오르가즘을 느낀다. 안타까운 것은 평생! 단 한 번도! 오르가즘을 느껴보지 못하는 여자가 더 많다는 사실이다. 여성 전체를 따졌을 때 10명 중 8명이 '평생 오르가즘을 경험하지 돗했다'는 결과가 있으니, **지금 당신이 상대 여성을 만족시키고 있다고 생각한다면 그건 거의 착각일 가능성이 크다.** 아니면, 오르가즘을 느끼고 있다는 여자의 선의의 거짓말을 너무 믿고 있거나.

성생활에서 오르가즘은 아주 중요하다. 맛있는 음식을 먹으면 그 음식이 계속 먹고 싶고, 생각나는 것처럼 섹스도 마찬가지다. 하지만 이 오르가즘이라는 것이 참 이율배반적이다. '오늘은 반드시 느껴보리라' 결심하면 할수록 멀어지기 때문이다. 우리의 몸과 마음은 긴장하면 할수록 교감신경은 높아지고 성반응은 떨어진다. 그럼 남성은 발기력이 떨어지거나 사정 반응이 빨리 올 수 있고, 여성은 성감이 떨어지고 오르가즘에 도달할 만큼 흥분하기 어렵다. 따라서 오늘 기필코 오르가즘을 느껴보겠다고 생각하면 할수록 몸과 마음이 긴장해 평소보다 더 힘들어질 수 있으니, 먼저 몸을 이완시키는 게 좋다. 훈련과 사전 준비까지 모두 마쳤음에도 그날 몸 컨디션이나 여러 변수로 오르가즘을 느끼지 못할 수도 있다. 그러니 오르가즘에 도달하지 못했다고 오늘의 섹스를 '실패'라고 단정 짓지 말고, 오르가즘을 느끼지 못했다고 스스로 자책하거나 자기비하는 하지 말자.

고! 스톱!
쌌네….

응급실에서 연락이 왔다. 발기가 5시간째 가라앉지 않아 통증을 호소하는 40대 후반 남성 환자였다. 발기지속증 환자는 대부분 발기부전치료 주사제를 남용한 경우가 많다. 특히 남의 주사제를 빌려 썼거나, 과한 욕심을 내서 필요 용량 이상을 주사해 '사고'를 자처한다. 그런데 이 환자의 경우는 달랐다. 이 남성은 심한 조루 환자였다. 어떤 날은 삽입하기도 전에 사정을 해버려 곤란한 적이 한두 번이 아니었다. 아내에게 미안한 마음에 안 해본 치료가 없었다. 실전이 어려우니 애무에 최선을 다했다. 그래도 만족할 만한 수준은 아니어서 가끔 발기유발 주사제를 사용하라고 처방해준 터였다. 비록 중간에 일찍 사정을 하더라도 주사제의 효과로 발기가 지속되니 아내를 만족시키는 데 큰 도움이 되긴 했다. 그런데 이 남성의 경우 약물 반응이 일정하지 않아 같은 용량에도 어느 날은 적당하다가, 어느 날은 이렇게 지속발기가 되기도 했다.

또 다른 40대 남성은 '음경이 부어올랐다'며 내원했다. 실제 검진상에도 음경이 벌겋게 부어올라 즉각적인 치료가 필요해 보였다. 이렇게 된 연유를 묻자 한참을 머뭇거리더니 "홧김에 때수건으로 막 문질렀다"고 한다. 아내가 "벌써 끝났냐"며 계속 면박을 주자 그렇게 하면 좀 오래간다는 이야기를 들었던 게 생각 나 실제 시행에 옮겼다가 낭패를 본 것이다.

얼마 전 '왜 조루를 치료해야 하는가'라는 주제로 강연을 하다 우스갯소리로 "3분도 못 버티면 마누라한테 죽으니, 살아남기 위해서"라는 말을 인용한 적이 있다. 그런데 실제 미국에서 잠자리가 실망스러웠다는 이유로 남편에게 흉기를 휘두른 여성이 체포되었다는 뉴스를 보니, 그게 단순히 농담만은 아니구나 싶다.

기원전 7세기 카마수트라에서도 '조루증은 배우자와 갈등을 일으킨다'라고 기록돼 있다. 그만큼 조루증은 남자뿐만 아니라 남과 여 모두를 괴롭히는 문제인 것이다. 더 큰 문제는 그렇게 오랜 세월 문제가 되어 온 질환을 아직 정복하지 못했다는 것이다.

조루는 단지 본인만의 문제가 아니다. 물론 자기 자신이 제일 큰 스트레스를 받는다. 사정이 본인 의지로 조절되지 않는다는 사실이 점점 자신감이나 자존감을 갉아먹고 일상생활이나 사회생활에서도 주눅 들게 만들기 때문에 어깨도 움츠러든다. 그러나 상대 여성의 경우, 적절한 애무가 뒷받침되지 않으면 짧은 시간 안에 오르가즘까지 느끼기 힘드니 그로 인한 불만이 상당할 수밖에 없다. 그러므로 조루는 개인의 문제가 아닌 부부의 문제인 것이다.

"도대체 사정까지 시간을 얼마나 버틸 수 있어야 정상입니까?"
"시작했나? 싶다가 금방 끝나버려요."
"겨우 30초도 되지 않아 사정을 하는 바람에 마누라 보기가
너무 부끄러워요."

대부분 조루증에 대한 책임이나 문제를 남성에게만 전가하는 경우가 많다. 그리고 남성들은 병원을 찾기에는 자존심도 상하고 창피해서 증명되지 않은 민간요법으로 자체 해결을 하고자 한다. 때수건이나 칫솔 등 거친 물건으로 귀두를 문지르기, 콘돔 여러 개 겹쳐 사용하기, 음주 상태에서 성관계 가지기, 강한 샤워기 수압으로 귀두를 미리 자극하기, 자위 중 사정 느낌이 있으면 참는 연습하기, 가장 압권은 커피에 소금을 타서 하루 세 잔 마시기 등이다. 얼마나 간절하면 이렇게 많은 민간요법이 나돌까 싶기도 하지만, 이것들을 믿다가는 돌이킬 수 없는 상처를 입을 수 있으니 명심 또 명심하기 바란다.

  칫솔 등으로 귀두를 문지르면 귀두부 염증으로 병원 신세만 지게 되며, 음주를 과하게 하면 조루증이 치료되기는커녕 발기부전증이 동반돼 조루증을 더욱 악화시킨다. 콘돔을 여러 장 겹쳐 쓰는 것은 어떠한가? 느낌이 둔해지니까 사정 시간은 늦춰지지만 그만큼 성감과 즐거움도 떨어진다. 그러면 그것은 더 이상 섹스가 아니라 그저 운동인 것이다. 커피에 의한 배뇨촉진 효과를 조루증과 연관시켜 커피에 소금을 타서 마시는 이상한 민간요법까지 등장했지만, 사실 커피는 조루증과 전혀 상관없다. 파워젤, 러브밤 등 마취젤 역시 살신성인의 한 방편이다. 자신의 감각을 무디게 해서라도 여성을 만족시키고 싶다는 마음은 이해되지만, 마취젤이 흡수되기도 전에 젤을 닦지 않고 시도하면 본인뿐 아니라 여성도 마취시키는 안타까운 상황이 생길수도 있다.

그렇다면 이 조루라는 놈의 정체는 과연 무엇인가? 예전에는 질 삽입부터 사정까지 시간이 5분 이내일 경우를 조루증이라고 했지만, 최근에는 시간보다는 사정 조절 능력 부족으로 정의하고 있다. 특히 여기에는 본인이 스트레스를 받고 있고 상대도 조루로 인한 스트레스를 받고 있다는 개념도 포함된다.

조루증은 왜 생기는 걸까? 그 사람이 예민해서일까? 단지 음경의 신경이 예민한 걸까? 아주 오랜 기간 조루증은 단지 그 사람이 심리적으로 예민하거나 문제가 있는 것으로 규정하고 치료도 대부분 정신심리학적 접근으로 이뤄져 왔다. 그러나 정상적인 사정은 자율신경과 체신경계 모두가 연관돼 동시에 진행이 이뤄지며, 신체적 컨디션, 주변 환경, 상대 여성에 대한 심적 부담감, 발기력 등 다양한 요인에 의해 이뤄지게 된다. 그만큼 조루증도 다양한 장애에 의한 복합적인 증상인 것이다.

최근에는 조루의 원인으로 대뇌 사정반사가 주목받고 있다. 사정을 관장하는 뇌의 사정중추가 지나치게 민감해 음경의 감각을 자각하는 것이 불충분한 데서 비롯된다그 본다. 보통 80~100% 홍분 시 사정중추가 가동되는 것이 정상이라면 조루는 50% 정도의 홍분에도 사정중추가 '세팅'되는 것이다.

그 외 음경, 요도, 전립선, 방광 등에 염증이 있거나 내분비적 원인, 지나친 성적 자극으로 중주신경계가 피로해져서 생길 수도 있다. 심리적으로도 열등감이나 불안, 걱정, 죄의식 등의 영향으로 먼저 사정을 하는 경우도 있다.

　실제로 조루증은 남성의 가장 흔한 성기능 장애로 우리나라의 경우 약 30% 정도가 경험하고 있다고 한다. 조루 환자 중 대부분은 자위나 구강 성교 때는 별다른 문제가 없는데, 여성의 질 내에서만 조절이 잘 되지 않는 경우다. 이를 조절하려고 노력하면 할수록 더 빨리 사정한다. 그렇다면 정말 '토끼 남편', '3분 남편'의 오명에서 벗어나기 위한 방법은 없는 것일까? 가장 중요한 것은 이 문제는 결코 혼자 해결할 수 없다는 것이다. 남성과 상대 여성이 함께 치료를 해나가야 한다. 치료법은 멀티로 접근하는데 심리치료나 질환치료 등이다. 자위를 멈추고 음경을 누르거나 중지하는 행동치료도 1개월 이상 지속적으로 같이 해야 한다. 발기부전 치료제가 필요하다면 함께 병행하면서 약물치료를 같이 하는 것도 도움이 된다. 생활관리 또한 필요하다. 자율신경이 흥분될 만한 흡연, 커피, 과음 등을 피하고, 적절한 운동도 필요하며, 성행위의 패턴을 바꾸는 것도 방법 중 하나다. 알약 하나로 쉽게 치료될 것이라는 안이한 생각을 해서는 안 된다는 의미다.

　약물치료는 사정중추에 작용하는 세로토닌 물질을 증가시키는 형태로 행동치료와 병행할 경우 치료 효과를 높일 수 있다. 그러나 약물요법만 하는 것은 약물을 중단하면 재발의 문제점이 있다. 결국 행동치료로 성적 감각을 체계적으로 향상시키는 것이 중요하다. 사정 스위치를 켜는 한계 감각을 키우는 치료다. 이중 압박요법은 남성이 성적 흥분을 느낄 때 귀두부를 여성이 압박해 성적인 흥분을 가라앉혀 사정을 지연하게 한다. 정지시 작법은 흥분했을 때 자극을 멈추었다가 다시 자극하는 방법을 반복하는 것이다. 행동요법은 주 3회, 적어도 2, 3개월 이상 파트너의 적극적인 협조 아래 하면 큰 효과를 얻을 수 있다.

남성 성기능 평가표

남성 성기능 평가표는 귀하가 발기부전을 겪고 있는지에 대해 보다 쉽게 평가할 수 있도록 제작된 설문지입니다. 1번부터 5번까지 다섯 문항에 대해 보기 중에서 귀하의 상태와 일치하거나 근접한 항목 하나만 선택하십시오.

1. 지난 6개월 동안 삽입할 정도로 발기가 되고 발기 상태가 유지되고 있다는 것에 대한 귀하의 자신감은 어느 정도라고 생각하십니까?

매우 낮다	낮다	그저 그렇다	높다	매우 높다
☐ 1	☐ 2	☐ 3	☐ 4	☐ 5

2. 지난 6개월 동안 성적 자극으로 발기되었을 때 성교가 가능할 정도로 충분한 발기가 몇 번이나 있었습니까?

성행위가 없었다	거의 한 번도 없었다	가끔씩 (총 횟수의 50%에 훨씬 못 미친다)	때때로 (총 횟수의 50% 정도)	대부분 (총 횟수의 50% 이상이 훨씬 넘는다)	항상 또는 거의 항상
☐ 0	☐ 1	☐ 2	☐ 3	☐ 4	☐ 5

3. 지난 6개월 동안 성교하는 중에 발기 상태가 끝까지 유지된 적이 몇 번이나 있었습니까?

성교를 시도하지 않았다	거의 한 번도 없었다	가끔씩 (총 횟수의 50%에 훨씬 못 미친다)	때때로 (총 횟수의 50% 정도)	대부분 (총 횟수의 50% 이상이 훨씬 넘는다)	항상 또는 거의 항상
☐ 0	☐ 1	☐ 2	☐ 3	☐ 4	☐ 5

4. 지난 6개월 동안 성교 시에 성교를 끝마칠 때까지 발기 상태를 유지하는 것이 얼마나 어려웠습니까?

성교를 시도하지 않았다	지극히 어려웠다	매우 어려웠다	어려웠다	약간 어려웠다	전혀 어렵지 않았다
□ 0	□ 1	□ 2	□ 3	□ 4	□ 5

5. 지난 6개월 동안 성교를 시도했을 때 몇 번이나 만족감을 느꼈습니까?

성교를 시도하지 않았다	거의 한 번도 없었다	가끔씩 (총 횟수의 50%에 훨씬 못 미친다)	때때로 (총 횟수의 50% 정도)	대부분 (총 횟수의 50% 이상이 훨씬 넘는다)	항상 또는 거의 항상
□ 0	□ 1	□ 2	□ 3	□ 4	□ 5

평가방법

✓ 1~5번 문항에서 귀하가 선택한 번호를 모두 더하여 점수에 따라 귀하의 발기부전 정도를 평가할 수 있습니다. 귀하의 점수가 17점 이하일 경우 발기부전을 의심할 수 있습니다.

애무냐,
의무냐?

당신에게 애무는 어떤 의미인가? 삽입이 쉬울 정도로 질액을 나오게 만드는 일? 삽입 전에 으레 해야 하는 관문? 남성의 그것을 세우기 위한 행위? 자신은 그리 내키지 않지만 원하는 상대에 대한 의무? 상대가 해주니 어쩔 수 없이 나도 응하는 것?

애무(愛撫)는 이성을 사랑하여 어루만진다는 뜻이다. 성관계를 진행하는 모든 행위는 사실 처음부터 끝까지 다 애무라고 볼 수 있다. 어느 몸짓 하나 애무의 정의에서 빼기 어렵다. 그러나 우리는 그 애무라는 것에 너무 인색하다. 시간적인 배분에도 인색하고, 다양함에도 인색하고, 애무할 때 마음 주는 것에도 인색하다.

신혼 초에는 조심스럽게, 그리고 아주 열심히 한다. 그러나 어느 정도 세월이 흘러 서로에게 익숙해질 즈음 애무는 서서히 귀찮아지기 시작한다. 대충, 늘 하던 대로, 빨리 결승점에 도달하고 싶다는 이기심은 점점 더 크게 자리 잡는다. 애무에 대한 시간 투자는 턱도 없이 부족해진다. '빨리 자야 하니까, 어서 끝내고 본론으로 들어가자'며 대충 후루룩 훑고는 끝내버리는 경우도 있다. 그 소중한 순간을 대충 끝내다니! 한두 번 그런다면 또 모를까, 대부분의 성관계에서 그렇다면 섹스 자체가 시시하고, 너무 재미없지 않은가.

애무는 받을 때만 좋은 것이 아니라 할 때도 좋다. 누구의 강요가 아닌 본인이 원해서, 그 행위 자체를 즐기듯 애무하는 사람은 그 어떤 화려한 테크닉 못지않다. 카사노바가 와도 이길 수 없는 초강수 일인자인 셈이다. 남자든 여자든 상대가 정성스럽게 애무해주면 사랑받고 있다는 느낌에 행복감을 느낀다.

하지만 주의해야 할 점도 있다. 상대가 싫어하는 경우다. '나만 즐거우면 돼'라고 생각하는 이기적인 마음이 아니라면 상대의 선호도와 기호를 봐가면서 애무도 적당히 조절해야 한다.

상대의 기호를 살피는 것이 어렵다면 주저하지 말고 무조건 대화를 나누기 바란다. 어느 곳이 성감대인지, 어떤 애무를 좋아하는지 단번에 알 수 없으니 끊임없는 대화를 통해 즐거운 애무 방법을 만들어가는 게 좋다.

열심히 노력하지만 받아들이는 상대가 문제인 경우도 있다. 성욕이 떨어진다며 병원을 찾은 30대 남성 R씨는 삽입 섹스보다 애무하는 단계를 더 즐기는데, 아내가 간지럽다며 애무를 못하게 하니 성적 만족이나 쾌감이 저하된다는 것이다.

> "아내는 제가 만지기만 하면 간지럽다고 그만하라거나 빨리 본격적으로 하자 하니, 이건 즐기는 게 아니라 왠지 의무적으로 하는 게 아닌가 하는 생각이 듭니다."

이 남성의 아내와 상담을 해보니, 아내는 '늘어난 체중' 때문에 애무를 피하고 있던 터였다. 출산 후 불어난 체중이 제자리를 찾지 못해서 본인 스스로 몸에 대해 자신감이 없고, 열등감이 심하다고 했다. 그러니 남편에게 보여주는 것도 싫고, 만지는 것도 싫어서 그저 빨리 관계를 끝내고만 싶으니 '간지럽다'는 핑계를 댄 것이다. 이 여성의 고충도 이해 못하는 바는 아니다. 하지만 만족스런 성생활에서 '애무'의 역할은 매우 크다.

특히 **여성이 오르가즘을 느끼기 위해서는 충분한 애무가 필요하고, 애무만으로 오르가즘을 느끼는 여성도 있으니 애무가 성생활에 큰 역할을 한다는 것은 자명하다.**

  하지만 꽤 많은 여성이 남편의 손길을 싫어하거나 거부한다. 남편에게 불만이 있거나 사이가 좋지 않아 그럴 수도 있고, 앞서 사례처럼 자신감 없는 몸매 때문에 피할 수도 있다. 상대와 친밀도가 부족한 상태에서의 섹스는 결코 만족스러울 수 없다. 사랑하는 사람의 몸을 사랑으로 어루만지는 행위가 없는 섹스는 삽입 성교로 사정만 하고 끝내는 기계적인 '의무 섹스'일 수밖에 없다.

  애무를 피하는 또 다른 경우도 있다. 섹스에 대해 잘못된 관념을 가진 경우다. 서로 함께 느끼고 즐겨야 하는 것인 섹스인데, 즐기는 것은 남성만이라고 생각하는 여성들이 있다. 이런 여성들은 남편의 손길을 편안한 마음으로 받아들이지 못하고, 애무를 쾌감으로 받아들이기보다는 간지럽거나 징그럽다고 느껴 피한다.

  남편의 애무 테크닉에도 문제가 있을 수 있다. 애무를 할 때도 아내의 반응을 잘 살펴보거나 아님 직접적으로 물어보기 등 적절한 피드백이 필요하다. 그저 짐작만으로 성감대를 찾아 긁어대거나 한두 번의 터치만으로 끝내면 오히려 불쾌감이나 통증을 줄 수 있다.

남편의 애무가 싫다고 삽입만으로 빨리 끝내는 것은 서로가 고통이다. 그러니 '긁어 부스럼, 조용히 넘어가자'가 아니라 그 이유를 찾아서 개선하려는 노력이 필요하다.

로맨틱하면
떡이 나온다

결혼이라는 관문을 통과하고 나면 대 다수의 남자는 변한다. 연애 시절 '로맨틱 가이'였던 남자도 결혼을 하면 평범한 남자가 되기 일쑤다. 여자라고 다를 것도 없다. 집이니까 편하게 입는다는 개념이 신혼시절에는 은근한 섹시함을 드러내기 위한 수단이었다가 점차 후줄근한 옷으로 평상복 개념이 바뀌니 말이다. 이제는 목 늘어난 티셔츠에 무릎 나온 바지를 입고 버젓이 온 집 안을 휘젓고 다닌다.

정말 로맨스와 섹스, 로맨스와 결혼은 양립할 수 없는 것일까? 첫 포옹, 첫 키스, 첫 섹스의 추억을 되새겨 보며 그때의 설렘과 떨림을 다시 불 지피는 것은 정말 불가능한 일일까?

인간은 습관의 동물이다. 결혼 생활도 어떻게 습관을 들이느냐에 따라 연애하듯 보낼 수 있다. 영화에서나 나올 법한 이야기가 아니다. 두 사람이 얼마나 노력하느냐에 따라 결과는 천지차이가 된다. 로맨스가 살아있는 부부관계는 우선, 대화가 많다. 그저 그런 시시콜콜한 얘기도 대화가 습관이 된 부부는 들을 준비를 하고 듣는다. 눈을 마주치고 고개를 끄덕이다 얘기가 지루하다 싶으면 리액션도 양념처럼 넣어준다. 요즘 같은 삭막한 세상에서 우리 모두는 누군가에게 받는 따스한 지지에 목마르다. 그러니 세상 둘도 없이 좋아서 결혼한 우리끼리라도 서로 챙겨주자는 마인드가 꼭 필요하다. 그렇게 공기부터 따스해지는 공감대는 서로에 대한 애틋함으로 싹을 피운다. 그 싹은 이내 서로에 대한 무한한 애정을 만드는 도구가 된다. 결과적으로 이토록 사랑스런 사람을 안고 빨고 부비고 싶은 건 당연지사가 된다.

사소하더라도 로맨틱한 행동, 작은 선물 역시 좋은 대안이다. '내가 당신을 사랑하고 당신에게 충분히 관심을 가지고 있다'는 사실을 전달할 수 있는 강력한 메신저 역할도 톡톡히 한다. 작은 선물이나 자상한 관심은 상대를 정서적 만족감에 평온하게 만든다. 주는 입장에서는 자신의 노력으로 만족할 만한 효과를 본 셈이니 뿌듯함이 덤으로 따라온다. 서로 사랑받고 있다는 느낌이 로맨틱한 감정으로 감성에 푹 젖게 만드는 것이다. 이런 관계라면 섹스할 때도 서로를 탐색하고 위하기 때문에 나날이 발전된 성생활을 할 수 있다.

분명 매일이 연애 시절 같을 수는 없을 것이다. 그러나 가끔 그 시절을 회상할 수 있는 로맨틱 영화를 함께 보거나, 손을 맞잡고 걷는 산책만으로도 행복이라는 감정이 저절로 나오게 만들어 줄 것이다.

하지만 이런 것들이 한쪽의 노력만으로는 절대 이뤄질 수 없다. 아무리 로맨시스트라도 초심을 유지한다는 게 쉬운 일은 아닐 것이다. 서로 끊임없이 노력해야 한다. 이제 남편들은 아내의 애정 어린 투정에 "뭔 뜬구름 잡는 얘기냐, 밥 잘 먹고 괜한 트집이다" 호통 칠 게 아니라, 예쁘다는 말 한마디를 더 해주자. 그리고 여자들도 남편에게 멋지다고 말해보자. 사랑하지만 이것이 로맨스를 유지하는 최고의 방법이 될 것이다.

첫 만남에서 손을 잡기까지 얼마나 오래 걸렸는지 떠올려보자. 손을 잡기까지 얼마나 많은 생각과 예행연습을 했었는가. 가벼운 뽀뽀만으로도 짜릿했던 그 순간은 누구에게나 있다. 애무를 아끼지 않았고, 깊은 포옹으로 서로를 품에 담고 잠든 날들도 잊지 말자.

볼 것 안 볼 것 다 본 사이고, 지겹도록 섹스를 해온 사이라고 해도 여자는 언제나 속으로 바란다. 예전 그때처럼 조심스럽게 손을 잡아주길, 달콤하게 키스해주길, 처음 자신을 애무하던 손질처럼 애무해주길, 천천히 음미하듯 하던 섹스에 그윽했던 눈빛까지 모두 그리워하는 게 여자다. 남편도 언제나 바랄 것이다. 작은 손길에도 부끄러워하며 내뱉던 콧소리와 자신만 바라보고 사랑한다고 했던 애정 깊은 시선들을 말이다.

작은 것이라도 상대에 대한 관심과 배려, 내가 여전히 당신을 많이 사랑하고 있다는 확신과 믿음만 준다면 50년 된 결혼생활이라도 로맨스는 영원하다.

여자의 '그곳'도
화장이 필요하다

"폐경된 지 5년째인데, 올해 들어 부쩍 그런 것 같아요. 저도
뭐 그런대로 즐기며 지내왔어요. 하지만 요즘엔 아프니까 점
점 피하게 되더라고요. 남편이 어디서 무슨 젤인가 그런 걸
사왔는데 괜히 찝찝해서 안 썼어요."

한 개에 수십만 원 하는 고가의 화장품도 피부를 위해서라면
화장대 위에 올리기를 망설이지 않는 40대 중년 여성 A씨. 평

소에 피부과 시술도 받고 피부미용에 투자를 아끼지 않는다. 그런 그녀에게 한 가지 고민이 있다면 근래 질 윤활이 충분치 않아 부부관계 때 통증이 심하다는 것이다. 질 윤활제를 사용해보라고 권하니 펄쩍 뛴다.

"그런 걸 어떻게 사용해요? 그건 좀 그런 사람들이나 쓰는 거 아니에요? 그리고 괜히 사용했다 염증이라도 생기면 어떡해요?"

이런 생각을 하는 건 A씨뿐만이 아니다. 다짜고짜 임신을 못할까 두렵다며 금방이라도 울음을 터뜨릴 듯한 젊은 여성은 이렇게 말했다.

"결혼하고 나서 방광염이 자주 걸리더라고요. 가만 보니까 관계만 갖고 나면 걸리는 것 같아요. 그래서 점점 관계 갖기가 두렵고, 이제는 할 때도 아픈 것 같고요. 남편도 제가 계속 아파하고 방광염으로 고생하니까 참기는 하는데, 미안하기도 하고…. 이러다 임신도 못할 것 같아요."
"성관계를 할 때마다 아픈가요?"
"그렇지 않았는데, 소변 볼 때 그 통증을 생각하니까 자꾸 몸이 굳어버려요. 며칠 아프고 나면 몸에 힘이 다 빠져요. 우리

둘 다 늦게 결혼해서 아이를 빨리 가지고 싶은데 맘대로 안 되니까 더 속상해요."

"질 윤활제 같은 건 사용해본 적 있나요?"

"그런 걸 사용해야 하나요? 아휴… 뭐랄까 그런 것까지 사용하면서 관계를 해야 한다는 게 비참하기도 하고요. 그렇게까지 하면서 기분 좋은 섹스가 가능할지도 모르겠어요. 무엇보다 찝찝하고요."

역시 윤활제에 대해 이야기하니 반응도 뜨뜻미지근하다. 방광염 재발 치료와 함께 일시적으로 질 윤활제를 사용할 것을 권했지만 여성은 윤활제 처방을 원치 않았다. 섹스를 하는 데 있어 자연스러운 시작과 자연스러운 애무 그리고 자연스러운 오르가즘으로 마무리되는 것은 이상적이고 모두가 원하는 것이기도 하다. 그러나 인위적인 요소가 첨가된다 해서 그 섹스가 이상적이지 않은 것은 아니다. 오히려 인위적인 연출, 시도, 보조 등이 더해지면 더 다양하게 성생활을 즐길 수 있다.

대표적인 것이 윤활제다. 보통은 폐경 후 질이나 외음부가 위축되고 건조해서 쓴다고 생각하는데, 꼭 그런 경우에만 쓰는 것은 아니다. 다양한 질 건조증에 사용하며 최근에는 보다 적극적으로 성생활을 즐기기 위한 보조제로 쓰는 경우도 많다.

또한 어느 연령층에 사용해도 상관없다. 그러나 아직까지 우리 나라에서는 윤활제라 하면 어두컴컴한 성인용품점에서나 취급하는, 저속한 이들이 사용하는 물품이라는 인식이 강하다. 젊은 사람에게 주면 이런 건 노인들이나 쓰는 게 아니냐 하고 중년 이상의 여성에서는 이런 건 밝히는 젊은 애들이나 쓰는 게 아니냐고 오해한다.

　우리는 몸이 아프면 병원에 가서 주사도 맞고, 약도 먹는다. 이와 마찬가지로 질 건조증이나 성생활에 문제가 생기면 전문가에게 도움을 받는 것이 당연한데, 우리는 이 부분에서는 무조건 참고 스스로 해결하려는 경향이 강하다. 하지만 그럴수록 성관계는 점점 더 피하게 되고, 부부관계 자체가 휘청할 때까지 쉬쉬한다. 실제 많은 여성들이 남편과의 잠자리를 기피하는 이유가 질 건조증에 따른 통증이라 답한다.

　질 건조증의 원인은 다양하다. 폐경 후 여성호르몬 감소로 인한 경우가 가장 흔하지만 젊은 여성의 경우 출산 후 수유를 하거나 피임약 복용 때문이기도 하다. 그 외 곰팡이성 질염, 우울증 등 질병으로 인해, 콘돔에 대한 알레르기 반응, 입을 마르게 하는 약물 복용, 항생제, 항히스타민제, 비만치료제 등 약물에 의해 질 건조증이 유발될 수도 있다.

질이 건조한 상태에서의 섹스는 여성에게도 고통이지만 남성 역시 만족감이 떨어진다. 삽입 후에도 뻑뻑한 느낌이 좋을 리 없고, 상대가 아파하니 관계가 제대로 진행이 될 리 없다. 오히려 그 상태에서 무리하게 삽입이나 섹스를 진행해서 통증이나 상처 감염, 방광이나 질염을 유발하는 것보다 윤활제를 사용해서 더 나은 성감으로 섹스를 즐기는 편이 낫다.

정상적인 유통 경로를 거친 윤활제라면 안심하고 사용해도 되고, 대부분 수용성이기 때문에 관계 후 샤워하면 쉽게 제거된다. 오히려 집에 있는 보디로션이나 오일 제품을 잘못 사용해서 질 내에 찌꺼기가 남으면 질염 유발 확률이 더 높다. 미국이나 유럽은 질 윤활제를 편의점이나 슈퍼에서 팔기 때문에 손쉽게 구할 수 있고 거부감도 없다. 실제로 20대부터 50대 부부 90% 이상이 윤활제를 통해 성생활의 질을 높인다는 보고도 있다. 우리나라에서도 근래에는 드럭스토어나 온라인에서 쉽게 구입이 가능하다.

윤활제 사용법에는 정도가 없다. 타입에 다라 다르지만, 꼭 삽입 때만 사용하는 것도 아니다. 애무나 마사지 단계에도 사용할 수도 있고, 성감을 높이는 목적으로도 사용이 가능하다. 삽입 때 통증이 있는 경우는 마찰 부위에 미리 바르는 것이 좋으며 여성뿐만 아니라 남성 성기에도 발라야 효과적이다. 질 건조증이 심하다면 글리세린 성분이 포함된 윤활제를 사용하는 것이 좋다. 젤 타입이나 오일 타입은 촉감이 뛰어나고 마르지 않는 장점이 있는 반면 콘돔이 찢어지거나 녹을 수 있으므로 유의해야 한다.

수용성 제품이 가장 안전하고 사용하기는 편하나 시간이 흐르면 수분이 증발해 끈적끈적하거나 뻑뻑해질 수 있다. 이런 경우 물을 몇 방울 섞어주면 다시 원래 상태로 돌아온다. 그리고 이왕 바르는 거 무드 없이 대충 슥슥 바르는 것보다는 바를 때부터 에로틱함을 고조시키면 더 좋다.

앞서 젊은 여성처럼 섹스 후 방광염이나 다른 질병이 자주 재발해 결국 섹스리스까지 이르는 경우도 많다. 처음 몇 번은 그때그때 치료도 잘 되어 대수롭지 않게 생각하지만, 심한 경우는 성관계만 맺고 나면 다음 날 소변볼 때 극심한 통증을 겪어 노이로제 수준이 되기도 한다. 남편이 곁에만 와도 그때의 통증이 되살아난다며 공포에 떠는 이들도 있다. 심지어 남편의 정액이나 음경에 이상한 전염균이 있어서 내가 그런 것이 아닌가 의심하고 모든 균 검사를 다 해달라는 경우도 있다. 그러나 대부분은 본인의 질 내 세균에 의해 감염되는 경우다.

반복되는 방광염으로 섹스를 거부하게 되는 이 사태를 어떻게 해결할 것인가? 최악의 시나리오는 섹스리스 부부로 가는 것이고, 최상의 시나리오는 문제를 극복하고 성교통도 해소되어 부부관계를 즐기며 사는 것이다. 그런데 최상으로 가기 위해서는 여러 단계의 노력이 필요하다. 첫째는 방광염 치료 및 재발 방지에 대한 치료다. 그런데 이런 비슷한 증상을 호소하는 여성 중에는 염증이 없고 외음부 전정염이나 방광통증 증후군인 경우도 있다. 따라서 구분해서 치료에 접근해야 한다.

둘째는 생활 습관의 교정이다. 잘못된 수분 섭취 습관이나 배뇨 습관이 있다면 이를 고쳐야 한다. 적절하게 수분을 섭취하고, 잔뇨가 남지 않는지 방광 기능이나 모양 등에 대한 검사도 필요하다.

셋째는 성관계 때 염증이 쉽게 유발되는 방법을 쓰고 있지 않은지 점검이 필요하다. 되도록이면 관계 전에 몸과 손을 씻고, 꼭 항문 주변이나 요도 근처 애무는 삼가야 한다. 또 삽입을 지나치게 거칠게 하면 질점막이나 주변에 상처가 생기기 쉽고, 균의 침입이 용이해지므로 삼가야 한다.

넷째, 성교통에 대한 치료다. 이 여성의 경우 성관계에 대한 즐거움, 기대보다는 통증에 대한 두려움, 또 방광염이 오지 않을까 하는 걱정이 앞서기 때문에 일단 시작이 좋지 못하다. 출발선이 잘못되어 있기 때문에 웬만한 노력으로는 오르가즘에 오르기도 힘들다. 따라서 그런 두려움의 극복이 먼저 되어야 하고, 초기에는 질 윤활제를 사용하여 통증을 줄이는 노력이 필요하다. 단, 이때는 질의 산도에 영향을 주지 않는 윤활제를 선택하는 것이 좋다. 성감이 좋아지고 섹스를 즐기는 수준이 되면 윤활제가 필요 없어질 것이다. 그리고 무엇보다 본인의 성감에 대해 끊임없이 연구하고 공부해야 하고, 상대 남성과 진솔하게 대화를 통해 함께 해결해 나가야 한다. 삽입 전 애무하는 것에 충분히 시간을 투자하여 윤활이 충분히 된 상태에서 삽입을 시도하는 것이 가장 좋은 방법이기 때문에, 상대 남성에게 이에 맞춰줄 것을 요청하는 것이 좋다. 함께 노력하지 않으면 이 악순환의 꼬리는 끊을 수 없다.

여자라면 화장품 하나라도 성분과 효능까지 꼼꼼히 따져가며 구매를 결정할 것이다. 혹여나 트러블이 생기지 않을까, 내 피부를 지금보다 더 좋게 개선해줄 수 있는 제품인가 등 많은 부분을 고려할 것이다. 그러나 질은 피부와 비할 수 없이 더 약한 점막에다 까다로운 환경까지 유지돼야 하지만 보이지 않는 곳이라고 등한시되는 경우가 많다. 즐겁고 왕성한 섹스는 우리를 젊게 만들고, 혈색과 호르몬 균형을 좋게 만들어준다. 폐경 이후의 여성들이여. 동안 피부를 만들어준다는 화장품에만 투자하지 말고, 활력 넘치는 성생활을 만들어 줄 수 있는 윤활제에 투자하여 진짜 동안이 되어보자!

여성은 한 번 오르가즘을 느끼게 되면
작은 자극에도 제2, 제3의 오르가즘을 느낄 수 있다.
오르가즘에 도달하는 횟수가 많으면 많을수록
절정에 달하는 횟수도 많고,
절정 순간의 오르가즘도 최고조에 이른다.

위 아래,
위 위 아래 아래

"딱 그 전까지, 딱~ 거기까지만 좋아요. 일단 삽입하고 나면
내가 언제 흥분했는지 기억도 안 나게 확 식어버려요."

많은 여성들의 불평 중 하나는 남편이 애무를 해줄 때는 금방
이라도 오르가즘에 오를 것처럼 짜릿한데, 음경 삽입 후 막상
섹스를 시작하면 언제 그랬냐는 듯 확 식어버린다는 것이다.
이유는 다양하지만 결과적으로 남녀의 섹스 패턴 차이 때문인

경우가 많다.

남편과 아내의 삽입 타이밍이 맞지 않거나, 애초 애무 방법이 잘못되어 헛다리를 짚는 경우, 음핵을 자극하는 강도가 너무 센 바람에 그 통증으로 흥분이 감소하는 경우 등 여러 가지다. 하지만 가장 큰 이유는 음핵 자극에 의한 흥분보다 질 자극에 의한 흥분 강도가 약하기 때문이다. 센 자극에 한껏 부풀어 올랐다가 약한 자극에는 별 감흥이 생기지 않는 것이다.

여성의 질과 음핵은 부드러운 자극으로 높은 쾌감을 느끼지만 성적 감각은 각각 전혀 다르다. 이 사실을 모르는 두 사람이 짧은 애무를 마치고 바로 질 삽입으로 섹스를 시작하니 문제가 생기는 것이다. 남자들은 그저 빠르고 강한 피스톤 운동이 최고인 줄 안다. 이제 여성의 오르가즘이 질 삽입만으로 가능하다는 생각을 버리기 바란다. **여성은 음핵 자극만으로도, 어떤 여성은 항문 자극만으로도 오르가즘을 느낀다.** 예전에는 질 또는 G-스팟의 자극, 클리토리스의 자극으로 오르가즘을 느끼는 일원성 개념을 이야기했다면, 최근에는 양쪽 모두를 자극해 오르가즘을 느끼는 이원성 개념을 이야기한다. 여기에 덧붙여 항문 자극까지 더해 삼원성까지 언급하기도 한다. 아무래도 한 곳만 자극하는 것보다 두세 곳을 같이 자극하는 것이 자극의 강도도 세고 다양하기 때문에 성감을 발달시키는

데 훨씬 유리하다. 성감이 많이 발달돼 있거나 개발된 경우라면 적절한 애무 이후 삽입된 음경이 G-스팟을 직접 자극하는 동시에 음핵으로 퍼져 강도 높은 흥분을 경험하게 한다. 만약 질 삽입만으로 충분치 않다면 동시 자극을 사용하는 것도 좋은 방법이다. 이 이론에 대해 설명하면 많은 여성은 뜨악한 얼굴을 한다. 하지만 동시 자극은 의외로 쉽고 간단하다. 음경 삽입 후 손이나 기구로 음핵이나 항문을 동시에 자극하면 된다. 이 경우 성감이 개발되지 않은 여성이라도 대부분 오르가즘을 경험할 것이다.

물론 오르가즘이야 어떤 방식으로든 느끼기만 해도 좋은 건 안다. 하지만 섹스를 하며 질 내 감각이 전혀 없는 건 문제가 있다. 질 감각이라는 게 경험을 쌓아 저절로 얻을 수 있다면 좋겠지만 안타깝게도 **질의 감각을 쾌감이나 흥분으로 연결하려면 많은 연습과 노력이 필요하다.** 우선 처음에는 손으로 질 입구를 애무하는 것으로 시작하면 좋다. 어느 정도 쾌감이 느껴진다 싶으면 4시, 8시 방향을 강하게 압박하면 쾌감이 증가하는 것을 느낄 수 있다. 이때 질 수축으로 느낄 수 있는 쾌감도 맛보면 좋다. 처음에는 어느 곳에서 쾌감을 느끼는 것인지 정확히 알지 못해도 점차 발달시키다 보면 각각의 부위에서 느껴지는 쾌감을 모두 느낄 수 있을뿐 아니라 그 느낌도 각각 다르다는 것을 알게 될 것이다. 더불어 실제 섹스 도중이라도 자신 위주의 깊이를 조절하거나 질 수축으로 느낄 수 있는 쾌감을 맛보려는 시도는 매우 좋다. 자신이 느낄 수 있는 쾌감뿐 아니라 상대에게도 핫(?)한 즐거움이 보너스로 돌아오기 때문이다.

무조건 강하고 빠른 것이 최고라는 잘못된 상식에서 벗어나 천천히 음미하듯 움직이며 서로의 리듬에 따라 집중하는 것! 두 사람 모두를 오르가즘에 오르게 하는 최고의 방법이다.

은밀하고
음란하게

"벌써 끝난 거야? 맨날 술이나 먹더니….”
"그만 좀 집적거려! 제대로 하지도 못하면서.”

아내의 비난은 비수가 되어 남편에게 꽂힌다. 자존심이 상한 남편은 "넌 도대체 뭘 잘했는데?”"네가 잘하면 내가 이러겠냐”며 방어전에 들어간다. 싸움의 시작은 섹스였는데, 몇 마디 오가다 보면 돈 문제, 애들 문제, 시댁 친정 문제까지 온갖 집

안 문제들이 쏟아져 나오면서, 결국 섹스에 대한 이야기는 흔적도 없이 사라진다. 그래도 이 정도에서 끝나면 그나마 양반이다. 처음에는 비꼬기, 단순 비난이었던 말다툼이 집안 문제 전체를 들먹이면서부터는 더 강도 높은 조롱과 비난이 오가며 서로에게 깊은 상처만 남긴다.

부부상담가들이 항상 말하는 부부싸움의 기술이 있다. 바로 '말조심'이다. 말에도 요령과 기술이 있다. 특히 섹스에 대해 이야기할 때는 남자든 여자든 자존심이 상하고, 치욕스러움까지 느낄 수 있으니 더욱 조심해야 한다.

섹스를 처음 한 후부터 짧게는 몇 년, 길게는 몇 십 년 동안 섹스를 해왔지만 파트너와 진솔한 대화를 나눠 본 사람이 얼마나 될까. 그나마 요즘에는 성을 주제로 다루는 토크쇼가 생길 만큼 개방적이 되긴 했지만, 여전히 감추고 모르는 척하는 게 미덕이라고 생각하는 경향이 크다. 대화 시작부터 다짜고짜 "우리 섹스에 대해 이야기하자"라고 하면 오히려 역효과가 나기 쉽다.

대화의 물꼬를 트는 가장 좋은 방법은 관련 뉴스나 책을 주제로 시작하는 게 좋다. 일단 물꼬만 트이면 이후에는 대화하기가 좀 더 수월하고, 더 많은 주제들에 대해서도 이야기를 나눌 수 있다. 사실, 사랑하는 사람과 관계 후 그 여운을 즐기려는

데, "좋았어? 어땠어?"라고 취조하듯 물어오면 이만큼 산통 깨는 일도 없다. **관계 후 바로 뭔가 확인하듯 과정을 일일이 묻고 답하기보다는, 좋았던 점과 다음에도 똑같이 해줬으면 한다는 식의 칭찬과 요청을 함께 말하는 편이 좋다.**

문제는 내가 대화를 시도하는데 상대가 모르는 척하거나 무시하는 경우다. 상대에 대한 불만을 해결할 기회조차 주지 않는 것이니 문제가 커질 수밖에. 이런 태도는 성생활뿐 아니라 두 사람의 관계 자체를 위태롭게 만들 수 있으니 반드시 고쳐야 할 태도다.

음담패설도 잘 이용하면 성생활의 활력소가 된다. 사전적 의미로 음담패설은 '성에 대한 음탕하고 상스러운 표현으로 가볍게 하는 말'이다. 그런 가벼운 말이 허용되지 않는 관계 혹은 낯선 이에게, 건네는 음담패설은 절대 안 된다. 하지만 커플이라면 가벼운 음담패설은 섹스에 큰 활력을 줄 수 있다. 성에 대한 대화를 하는 데 물꼬를 트는 역할을 하거나 성욕이나 성충동 유지, 다채로운 섹스에도 큰 역할을 할 수 있다. 둘만의 신호로 이용하기도 하고, 성적인 농담을 주고받으면서 서로에게 새로운 자극을 줄 수도 있다. 실제로 오르가즘을 잘 느끼지 못하는 이들에게 섹스 전 야한 이야기나 말을 하면 흥분지수가 올라간다는 보고도 있다. 단, 상대가 조금이라도 불쾌하게 느낀다면 성희롱이 될 수 있으니 항상 유념해야 한다.

혹여 이 글을 읽고 '그래, 결심 했어'라며 파트너와 함께 그간의 불만이나 원하는 것들을 이야기했다고 치자. 보통의 경우 상대가 불만을 이야기하면 대부분 자기 방어를 하기 때문에 "나는 지금까지 별 불만 없고 문제없는데 너만 별스럽다"라고 반응하는 경우가 많다. 하지만 이런 말은 대화를 중단시키는 지름길이다. 가장 조심해야 할 것은 불만을 말하는 사람도 듣는 사람도 상대를 평가하거나 분석하는 듯한 이야기는 피해야 한다는 것이다. 워낙 민감한 주제이다 보니 무심코 던진 한마디 때문에 상대는 크게 상처받을 수 있다. "거긴 아무 느낌도 없어, 이제 그만해"라며 열심히 애무하는 남자를 구박하듯 말하면, 그것이 마지막 애무가 될 수도 있는 것이다. 그런 일은 결코 일어나서는 안 되는 일 아닌가. 특히 남자의 경우, 여자가 어떻게 표현하느냐에 따라 많이 달라지기 때문에, **싫었던 것보다 좋았던 것을 말해서 좋아하는 것을 더 자주 해달라는 식으로 유도해야 한다.**

사랑의 대화는 남녀 사이에 훌륭한 윤활유이며, 두 사람의 씨실과 날실을 더욱더 끈끈하게 만들어준다. 그 주제가 성에 대한 직접적인 것이든, "사랑해" "오늘 예쁘다" "당신 멋있다"라는 사랑의 감정 표현이든 말이다. 서로 애정 어린 말을 많이 주고받은 사이일수록 관계도 깊어지고 섹스도 풍성하게 즐길 수 있다. 오래된 사이라고, 가족이라고 애정 표현이나 대화에 인색해지면 점점 더 대화하기 어려워진다. 지금 옆에 있는 사람을 그저 한 이불 덮고 자는 사이로만 치부하고 있지는 않은지 스스로 점검해볼 필요가 있다.

사정을
사정한다

성생활에서 남자가 가장 민감하게 반응하는 게 '서느냐 안 서느냐'지만, 발기만큼 집착하는 게 바로 '나오느냐 안 나오느냐'에 대한 것이다. 여자는 결코 이해하지 못하지만 남자는 이 사정액이라는 것에도 조울증마냥 감정 기복을 경험한다.

"발기도 발기지만 그게 많이 줄었어요. 힘들게 세워서 해도 마지막에 정액이 없으니까 재미가 없어."

"이전보다 남성 기능이 많이 감소된 것 같아요. 사정액이 영 줄었어요."

"소변은 요즘 아주 좋아요. 발기도 괜찮고. 그런데 호르몬 기능이 잘 안 되는 것 같아요."

"요 근래 사정이 안 돼요. 섹스를 하면 오르가즘 느낌은 있는데 정액이 없어요. 발기도 좀 힘이 떨어지기는 해도 관계가 안 될 정도는 아닌데…. 제 고환 기능에 문제가 생긴 건 아닐까요? 남자로서 씨가 마른 것 같아 걱정입니다."

이처럼 중년 이후 발기부전뿐만 아니라 사정감이 떨어지고, 사정액도 줄어 고민이라는 남성이 많다. 사정액이 분수처럼 힘차게 나오기는커녕 줄줄 흐르듯이 나오거나, 심지어 아예 안 나올 때도 있다는 거다. 남자들이 이렇게 사정액에 집착하는 것은 특별한 이유가 있다. 남자는 정액을 배출하면서 최고점에 이른다. 사정으로 섹스가 마무리되니 그 행위의 마지막 결과물인 정액을 남자다움의 상징으로 생각하는 경우가 많은 것이다. 그래서 사정액이 어느 날 갑자기 줄거나 힘껏 배출이 되지 않으면 남성 호르몬이 줄어서 결국 남성성도 잃었다고 생각한다.

사실 아예 틀린 말은 아니다. 정액이란 정낭과 전립선에서 남성 호르몬 자극에 의해 만들어지는 것으로 남성 호르몬이 감소하면 정액량도 감소한다. 50대는 20~30%가 사정액 감소를 보이고, 60대는 40~50%, 70대는 70%가 사정액이 줄어든다. 사정력도 청년이라면 보통 정액이 외요도구에서 30~60㎝까지 뻗치지만, 중노년기에는 10~30㎝ 정도다. 양도 감소하기 때문에 사정할 때 쾌감이나 사정 후의 시원함도 젊었을 때만 못하다.

몸이 늙어서 그런 것이니 참고 있어야 할까. 대부분은 노화의 과정으로 볼 수도 있다. 하지만 지나치게 양이 많이 감소하거나, 아직 이른 나이에 이런 증상을 보인다면 남성 갱년기증후군의 증상을 의심해봐야 한다. 또 전립선이나 정낭의 이상으로 사정액이 줄어들 수 있다. 당뇨, 간질환 등 전신질환이나 전립선, 요도 질환, 약물 등의 영향으로도 사정액이 감소할 수 있다.

역행성사정으로 사정액이 주는 경우도 있다. 역행성 사정이라는 것은 사정하는 순간 음경 외부로 분출되어야 할 정액이 방광으로 거꾸로 흘러 들어가버리는 증상이다. 정상적인 경우라면 사정하는 순간 방광으로 정액이 흘러들어오는 것을 막기 위해 방광 입구가 차단돼 역행성사정을 방지한다. 하지만 병력이 있다면 조금 달라진다. 당뇨병 환자는 자율신경 손상에 의해 역행성 사정이 나타날 확률이 정상인에 비해 매우 높다. 일부 전립선비대증 치료제나 고혈압 치료제를 복용한 이후 오르가즘은 느끼지만 사정하는 정액량이 매우 감소하거나 아예 나오지 않는 경우도 역행성사정을 의심해봐야 한다. 특히 이런 약제들을 오래 복용하면 사정할 때 방광목이 열려 있게 돼 사정액이 방광으로 역류하게 된다. 따라서 정액량은 매우 감소하고 사정 후에 소변을 보게 되면 소변과 정액이 섞여 나오게 된다.

역행성사정의 진단은 사정 후 소변을 받아서 진단하기 때문에 쉽게 확인된다. 역행성사정은 임신을 해야 하는 경우가 아니라면 성관계에 문제는 없다. 방광으로 사정액이 들어간다 해서 방광에 이상이 생기는 것도 아니고, 무엇보다 사정 자체는 정상이기 때문이다. 그러나 본인이 사정액이 없다고 인지하는 순간, 심인성발기부전이나 오르가즘 장애 등이 동반되는 경우가 많기 때문에 치료받는 게 좋다.

다들 사정액이 줄고 안 나온다 아우성치는데, 굳이 사정을 참는 이들도 있다. 성교는 하되 사정하지 않는 '접이불루(接而不漏)'를 몸소 실천하는 이들이다. 접이불루란『소녀경』이라는 책에서 나온 것으로, 중국 황제가 장수 비법으로 사정을 참는 것에서 시작된 이야기다. 지금은 그 뜻이 조금 변질돼 대표적인 섹스 테크닉으로 꼽힌다. 심지어 누가 오래 참는지 자랑까지 한다.

특히 여성만 가능하다는 멀티오르가즘이 훈련만 하면 남성도 가능하다는 의견이 대두되면서 대표적 훈련방법인 접이불루가 조루 치료의 새로운 접근법으로도 회자되고 있다. 흔히 남성의 경우 '오르가즘=사정'이라고 생각하는데, 정확히 말하면 오르가즘의 결과물로 그 짧은 찰나를 이분해 사정억제력을 키우면 멀티오르가즘도 가능하다는 것이다.

현대 성의학에서도 조루를 치료하는 행동치료로 정지시작법(Stop & Start)이나, 성기압축법(Squeeze technique) 등이 접이불루를 실천하는 방법으로 제시된다. 성의학적으로 남성은 사정하게 되면 주위에서 아무리 절세미인이 유혹해도 발기되지 않는 불응기가 있다. 불응기에서 회복되는 시간도 나이가 들수록 오래 걸린다. 흔히 말하듯 '사정하면 게임 끝'인 것이다. 따라서 사정하지 않으면 불응기가 없기 때문에 새로운 성적 자극에 곧 반응해 멀티오르가즘이 가능할 수 있다. 그러나 올바른 방법을 알지 못하고 조루도 아닌데 섣불리 시도했다가는 큰 낭패를 볼 수 있다.

성적 흥분만 있고 사정이나 오르가즘이 뒤따르지 못하면 고환이나 전립선 주위 조직을 압박하는 통증이 생긴다. 자칫 전립선염이나 부고환염을 조장할 수 있으니 주의해야 한다. 또 임신을 원하는 경우 건강한 정자를 생산하고 싶다면 굳이 힘들여서 참을 필요는 없다. 발기보다 더 복잡한 메커니즘에 의해 조절되는 사정은 치료가 더 힘들다.

발기부전만큼이나 사정액에 집착하는 남성들의 마음도 십분 이해가 된다. 하지만 정액의 양 때문에 기껏 힘차게 즐거운 섹스를 하고도 영 찝찝해한다면 너무 아쉽지 않은가! 사정하기 위해서 섹스하는 게 아니라 사랑을 나누다 보니 하게 되는 사정으로 생각을 조금만 바꿔도 느낄 수 있는 희열은 조금도 줄지 않을 것이다.

너만 좋은 섹스는
이제 그만

부부라는 것이 갑을관계가 아니다 보니, 내가 하고 싶은 대로 상대가 늘 따라와 주는 것은 아니다. 특히 성욕이라는 본능의 분야에서 서로 타이밍이 맞지 않아 늘 불발로 끝나기를 반복하다보면 어느 순간 채워지지 않은 욕구가 부부 사이 어딘가로 튈지 모른다.

　"안 한 지 벌써 5년이 넘었어요. 처음에는 안 해도 잠은 같이 잤는데, 이제는 그것도 귀찮고 아내가 자꾸 거절하니까 그게 또 뻘쭘하고 그래서 잠도 따로 자게 됐어요. 그렇게 된 게 벌써 3년이 넘었어요. 처음에는 자존심도 많이 상하고 어디 말할 데도 없고 그랬는데… 이제는 나도 만사가 귀찮고, 안 해도 되겠다 싶은 생각까지 들더라고요. 근데 이런 생각을 하는 것 자체가 이 나이에 문제가 아닌가 싶어서….”

어렵게 결심하고 병원 찾았다는 40대 남성 S씨는 자신의 이야기를 하는 내내 뭔가 불안한지 손을 가만 두지 못했다. 연신 얼굴의 땀을 훔치고, 주먹을 쥐었다 폈다 하는 모습이 영락없이 교무실에 온 아이 같았다. 이런 문제는 사실 너무 비일비재해 놀랍지도 않다. 그래도 이 남성은 나름 노력한 흔적은 보인다. 아내와 대화를 시도하기도 했고, 신혼 때처럼 선물이나 꽃을 선물하면서 로맨틱한 분위기를 조성하기도 했다고 한다. 그런데 자꾸 아내가 거절을 하니 이후에는 화도 내보고, 자신을 좀 이해해달라고 부탁 아닌 부탁을 했는데도 아내는 그저 하고 싶지 않다고만 대답했다고 한다.

남녀 성욕 불일치는 너무 흔하고 일상적인 이야기라 특별할 것도 없다. 남녀 성욕 불일치는 중노년으로 갈수록 더욱 심해진다. “아, 하고 싶어도 집사람이 손사래를 치고 질색하니 할 수가 있나?" "나이 들어 힘도 없고 귀찮은데, 왜 자꾸 하자는지 모르겠다. 별 재미도 없는데, 안 하고 살면 안 되나?"

중노년 부부들의 성의식 조사나 치료를 하다 보면 가장 흔하게 접하는 문제가 남녀 성의식이나 욕구의 차이다. 대개 중노년 남성들은 성생활을 계속 유지하고 싶어 하는 반면, 여성은 그 반대인 경우로 성욕의 불균형이 가져오는 문제가 생각보다 심각하다. 실제 경기도에서 실시한 노인의 성의식 조사 중 성생활 불만족 남성 노인의 경우는 '배우자가 하려고 하지 않는다(44.4%)'가 가장 많았고, 여성 노인의 경우 '본인이나 배우자의 성기능 약화(83.3%)'가 가장 많았고, 그 다음으로 '배우자가 너무 자주 또는 일방적으로 하려고 한다(16.7%)'는 응답이 나왔다.

성적 욕구가 언제나 맞게 생긴다면 더할 나위 없이 좋겠지만, 그럴 가능성은 전무하다. 이 타이밍이라는 것이 수시로 뜻이 안 맞을 수도 있고, 하루 중에도 아침이냐 저녁이냐 등 각자의 생활리듬에 따라 다를 수 있다. 영화의 한 장면처럼 굳이 말로 하지 않아도 눈빛만으로 바로 침대로 직행할 수 있다면, 이런 부부는 그야말로 속궁합 100%라고 할 수 있다. 하지만 현실은 그렇지 않다. 아무리 허벅지를 벅벅 긁어도 알아차리지 못하는 게 현실이다. 그럼 언제까지 서로 알아차리지 못한다고 불평만 하고 있을 것인가. 이제 눈치 없는 상대 때문에 속 끓는 대신 솔직하게 말로 표현해보자. 말로 의사를 전하는 게 오히려 득도 많다. 상대의 성 판타지를 자극할 수 있고 기대심리를 갖게 하는 말로 운을 떼면 성욕도 자극되고 성적 흥분도 높아진다.

직접적으로 말하는 게 어렵다면 둘만의 신호를 만드는 것도 좋다. 침실에 메모함을 두거나, 저금통에 동전을 넣거나, 현관 앞에 포스트잇을 붙여놓는 것으로 간접적이지만 단박에 알아차릴 수 있는 신호를 만드는 것이다. 이렇게 사전에 의사 표현을 하는 게 마음의 준비를 할 수 있다는 점에서도 좋지만, 상대의 의사를 묻는 것으로 배려받는 것 같거나 또는 잠자고 있던 성적 충동에 불을 지피는 역할도 한다.

서로 의사소통 없이 이뤄지는 섹스는 성욕이 불일치할 경우 한쪽이 불쾌감을 느낀다. 하지만 상대에게 이런 불쾌감을 전달하는 것이 쉽지 않아, 자신의 욕구는 숨긴 채 상대에게만 맞춰주는 섹스를 하게 된다. 상대의 기분에 맞추려고 억지로 하는 관계와 성적인 반응은 결국 본인의 자연스러운 욕구와 성적인 감수성을 무디게 한다. 그리고 그런 상황이 지속되면 섹스가 더 이상 즐겁지도 않고 의무처럼 느껴진다. 일심동체 부부라고 해도 육체적 갈증을 느끼는 시기와 정도의 속궁합을 맞추기는 쉽지 않다. 분명 상대가 먼저 원해서 시작되는 섹스는 빈번하다. 하지만 문제는 상대만 원하고, 또 상대만 좋았고 끝나버린 섹스다.

성욕 불일치를 해결하는 방법 중 가장 기본적인 출발은 부부 성교육이다. 세월이 많이 변했다 하지만 아직은 가부장적인, 남성 위주의 성생활에 익숙해져 있는 세대다. 나와 상대의 몸이 어떻게 변화하고 성적인 기능도 어떻게 변화하는지 중노년의 성생활은 어떻게 유지하는 것이 올바른지에 대해 배워야 한다. 사실 요즘은 이런 교육에 참여하는 이들도 남성이 압도적으로 많다. 그 분들이 배우자의 손을 이끌고 같이 참석하려는 노력이 필요하며, 쉽게 접근할 수 있는 곳에서 더 많은 성교육이 열려야 한다. 더불어 상대를 이해하려는 노력과 왜 성관계를 기피하는지, 나에 대한 불만 때문인지, 의학적 도움이 필요한 질병이 있는 건지, 진짜 말 그대로 이때까지 너무 재미없는 섹스를 해서인지 알아야 한다. 이처럼 원인에 따라 접근이 돼야 한다는 말이다.

다음 문항을 읽고 자신의 배우자 또는 파트너와의 성관계에서 어느 정도 만족하는가에 관한 정도를 다섯 가지 수준으로 표현해주세요.

1. 전혀 그렇지 않다.
2. 약간 그렇다.
3. 대부분 그렇다.
4. 상당히 그렇다.
5. 매우 그렇다.

(   ) 1. 내 파트너는 나와 성생활을 즐기고 있다고 생각한다.
(   ) 2. 내 성생활은 아주 즐겁다.
(   ) 3. 섹스는 나와 내 파트너에게 서로 즐거운 것이다.
(   ) 4. 내 파트너는 내게 성적인 것 외에는 기대할 것이 없다고 생각한다.
(   ) 5. 나는 섹스가 더럽고 구역질나는 것이라고 생각한다.
(   ) 6. 나의 섹스는 아주 단조롭다.
(   ) 7. 우리는 섹스를 할 때 너무 서두르고 급하게 끝낸다.
(   ) 8. 내 섹스 생활은 질적인 면이 결여되어 있다.
(   ) 9. 내 파트너는 성적으로 아주 매력적이다.
(   ) 10. 내 파트너가 좋아하고 자주 사용하는 성적인 테크닉을 즐긴다.
(   ) 11. 내 파트너는 내게 섹스를 너무 많이 요구한다고 느낀다.
(   ) 12. 나는 섹스를 아주 멋있는 것이라고 생각한다.
(   ) 13. 내 파트너는 섹스에 너무 집착하는 것 같다.

(   ) 14. 나는 내 파트너와 성적인 접촉을 회피하려고 시도한다.

(   ) 15. 우리가 섹스를 할 때 내 파트너는 지나치게 험하고 함부로
         다룬다.

(   ) 16. 내 파트너는 성적으로 멋있는 사람이다.

(   ) 17. 나는 우리 관계에서 섹스가 매우 정상적이라고 생각한다.

(   ) 18. 내 파트너는 내가 섹스를 원할 때 달가워하지 않는다.

(   ) 19. 나는 우리의 섹스가 서로의 관계에 도움이 된다고 생각한다.

(   ) 20. 내 파트너는 나와의 성적인 접촉을 회피하는 것 같다.

(   ) 21. 나는 내 파트너가 성적으로 자극하면 쉽게 흥분한다.

(   ) 22. 내 파트너는 내가 하는 성적인 자극을 즐긴다.

(   ) 23. 내 파트너는 나의 성적인 욕구나 욕망에 아주 민감한 편
         이다.

(   ) 24. 내 파트너는 나를 성적으로 만족시켜주지 못하고 있다.

(   ) 25. 나는 내 성생활이 아주 재미없다고 생각한다.

평가방법

✓ 역채점 문항 : 1, 2, 3, 9, 10, 12, 16, 17, 19, 21, 22, 23
즉, 이 문항은 1점은 5점, 2점은 4점, 3점은 3점, 4점은 2점, 5점
은 1점으로 계산한다.

✓ 점수의 합이 높으면 높을수록 파트너와의 성적인 불만이 높다.
대체로 30점 이상의 점수는 부부나 파트너 사이에 성적으로
불만족한 상태를 나타낸다. (Hudson, 1992)

방 따로, 몸 따로,
마음 따로

흔히 열 쌍 중 한 쌍은 섹스리스 부부라는 이야기가 있다. 농담처럼 들리지만 주변에서 섹스리스 부부를 찾는 것은 어렵지 않다. 그렇다면 어느 정도를 섹스리스라고 할까? 일반적으로 '한 달에 한 번 미만의 성관계'를 맺는 걸 섹스리스라 한다. 섹스리스에는 여러 원인이 있지만 임신과 출산이 큰 축을 담당한다. 특히 육아 스트레스에 지친 여성이 부부관계에 무심해지는 경우다. 육아 스트레스뿐 아니라, 출산 후 붓기가 그대로 살로 남아 벗은 몸에 대한 자신감이 '급'저하되는 것도 한 몫 한다. 출산 후 예전 몸매로 금방 돌아왔다는 연예인들의 기사는 그들만의 리그인 것이고, 대부분의 여성들은 처녀 때 몸매를 잃었다는 생각에 좌절하고 우울감에 빠지기도 한다. 덧붙여 아이를 돌보느라 제대로 잠도 못 자니, 신경은 날카로워지고 모든 일이 피곤하다. 당연히 성욕은 떨어지는데 철딱서니 없는 남편은 콧소리를 내며 들러붙는다. 어쩌다 마지못해 응한다 해도 흥분은커녕 집중도 잘 안 된다.

1년여 만에 병원을 다시 찾은 40대 후반 여성 A씨는 다뇨증으로 약물 치료를 받던 중 증세가 호전되지 않자 다시 병원을 찾았다. 그런데 어찌된 영문인지 진료를 마치고 처방까지 마쳤는데도 자리를 뜨지 않았다. 한참을 망설이던 그녀가 입을 열었다. "선생님 지난번에 주신 연고제도 같이 주시겠어요?" A씨는 떨리는 목소리로 이렇게 털어놓았다.

"혼자 자는 게 편해서 아이 방에서 자면서 각방을 쓰다 보니 남편이 바람이 났어요. 우연히 휴대폰 문자를 보니 이상한 내용들이 있더라고요. 남편이 평소 자기 할 일 똑바로 하고 바른 사람이라, 곧 정리하고 돌아올 거라 생각하지만 나도 그냥 이렇게 넋 놓고만 있어서는 안 될 것 같아서요. 제가 그동안

외모에 신경도 못 쓰고, 부부관계니 그런 것도 좀 등한시하기
는 했어요. 그렇다고 남편과 사이가 안 좋거나 싸우거나 그러
지는 않았는데…….”

　이런 환자들의 사연을 듣게 되면 마음이 착잡하기 이를 데 없
다. 병원이라는 곳이 아프거나 불편하면 찾는 곳이니 ‘무소식
이 희소식’임에도 오랜만에 아는 얼굴을 보면 반갑다. 그러나
이 분은 오랫동안 봐오면서 부부관계를 위해 나름 자기 관리
도 열심히 했던 것으로 알고 있는데, 이런 청천벽력 같은 소식
을 들으니 마음이 좋지 않다. 그 전에도 가끔 외음부 불편감을
이야기해서 여성호르몬제 연고를 처방했는데, 어쩌다 한 번씩
사용하고는 오래 되어서 버렸다고 한다.

　“선생님이 지난번에 한 번씩 시도해보라고 하실 때 그러겠다
고 대답만 하고는 제가 너무 안이하게 생각했나 봐요. 남편이
그럴 사람은 아니라서 믿고는 있지만, 그래도 제 선에서 노력
은 해보려고요.”

　남편은 그런 사람이 아니라고 같은 말을 계속 반복하는 그녀
에게 뭐라 해줄 말이 없었다. 남편의 외도를 본인의 탓으로 돌
리는 여성은 생각보다 많다. 남편이 외도를 하게 된 원인이 과

연 아내에게 있는 걸까? 원인이 어떻든 외도는 비난받아야 마땅하지만, 시시비비를 가리기 전에 만연해 있는 '각방 쓰기'의 위험성을 반드시 알 필요가 있다.

결혼 전에는 대개 혼자 자는 것이 익숙하다. 그리고 결혼을 하고 신혼 생활을 시작하면 누군가와 한 침대를 함께 쓰게 되고, 어색하고 불편하지만 함께하는 설레임과 즐거움 때문에 그 낯섦을 모두 견딘다. 어색하고 불편하다는 이유로 따로 자거나, 각방을 쓰지는 않는다. 그 서툴던 시기를 모두 보냈는데, 이제 와서 왜 그러는가? 아이를 키운다는 명목이나 혼자 자는 것이 편하고 익숙하다는 말은 결국 핑계에 지나지 않는다.

그렇다면 도대체 각방 쓰기는 언제부터, 어떻게 시작되는 걸까? 모두 그렇지는 않지만, 대부분 육아가 시작되면서부터 각방 쓰기도 시작된다. 아이가 태어나면 대부분 남편은 큰 침대에 홀로 유영하며 자거나 작은 방에서 떨어져 자는 경우가 많다. 그게 습관으로 굳어져 아이가 커도 밤이면 각자 방으로 들어가는 악순환이 시작된다. 때로는 코골이가 심하거나 잠버릇이 고약해 따로 자는 경우도 있고, 밤 근무를 한다든지 부부의 생활리듬이 맞지 않아 각방을 선택하기도 한다.

물론 섹스를 하지 않는다고 해서, 각방을 쓴다고 해서 부부가 아닌 것은 아니다. 서로 동의하고 만족한다면 그 방식을 비난할 수는 없다. 그러나 평소에 스킨십이 많지 않고 애정표현에 인색한 부부라면 그나마 잠을 자는 시간 동안만이라도 몸과 몸이 맞닿는 것이 중요하다. 그마저도 없다면 서로 무덤덤해지는 것은 시간문제일 수밖에 없기 때문이다. 거기다 욕구가 생겨도 방을 '건너와서' 볼일만 보고 다시 가는 것도 친밀감을 나누는 행위로 보기 어렵다. 결국 오래지 않아 이마저도 귀찮아지고 그렇게 마음도 멀어져간다.

습관을 무시해서는 안 된다. 침대 양 끝으로 떨어져 자는 것도 처음에는 어색해도 금방 익숙해진다. 그러다 어떤 이유로 각방 쓰기에 돌입하게 되면 굳이 예전으로 돌아가려는 노력도 하지 않게 된다. 각방을 쓴다고 모두가 섹스리스가 되는 것도 아니고 무조건 각방은 바람직하지 않다는 것도 아니다. 다만 부부라는 게 그저 서로 살만 닿아도, 그저 내 어깨나 배위에 걸쳐진 팔 하나로 큰 위안이 되는 사이가 아닌가! 결국 그런 작은 것들이 부부관계를 행복하는 만드는 접착제가 된다는 것을 잊지 말라는 것이다. 아내의 무 같은 다리가 턱 하니 나의 허리를 공격하고 남편의 뱃살에 눌려 답답하더라도 한 이부자리에서 지지고 볶는 기쁨을 누리는 부부는 어려움이나 갈등 상황에서도 강하다.

각박한 삶과 정신없는 생활 속에서 애정 어린 섹스는 위안과 힐링을 선사한다. 그저 아이 엄마, 아빠가 아닌 여자와 남자로

서 서로에게 인정받는다는 건 자존감을 높일 뿐 아니라 삶 전
반의 중요한 토양이 돼줄 것이다.

성적 만족에 영향을 미치는 조건이 남성과 여성은 다르다.
여성은 사랑받는다는 느낌, 정서적인 교감,
배려받고 있다는 느낌에 크게 영향을 받는다.
반면 남성은 자신이 여성을 만족시키고 있다는 자신감이 큰 영향을 미친다.

맛있는 섹스를 만드는
변스런(?) 상상

당신이 상상해본 가장 은밀하면서 짜릿한 섹스 판타지는 무엇인가? 처음 만난 낯선 사람과의 하룻밤? 은밀히 눈치 보며 즐기는 공공장소 섹스? 여러 명과 함께하는 그룹섹스? 각종 도구를 이용하거나 특정 코스튬을 한 후의 섹스? 머릿속에서만 일어나는 종류의 섹스까지 포함하면 그 종류는 무궁무진할 것이다.

많은 사람들이 성적 흥분을 더해주는 상상이나 공상을 한다.

다양한 연구에 따르면 남성의 95%, 여성의 80%가 자위행위 중 공상을 하고, 52%의 남녀는 섹스 중 때때로 다른 상상을 한다고 한다. 섹스와 공상은 떼려야 뗄 수 없는 관계인 것이다.

그렇다면 성적 공상이 가장 활발한 때는 언제일까?

"야한 생각을 많이 하면 키가 안 크나요?"
"야한 생각을 많이 하면 머리가 빨리 자라나요?"
"야한 생각을 안 하려면 어떻게 해야 하나요?'"

성에 대한 호기심과 성욕이 왕성한 10대들이 인터넷에 올린 글이다. 청소년기에는 시간과 장소를 가리지 않고 야한 생각이 떠오른다. 이 때문에 괴롭기도 하고, 때로는 스스로 자책하며 죄책감에 시달리기도 한다. 누구나 한두 번쯤 이런 고민을 해본 적 있을 것이다. '애국가를 부른다' '운동이나 독서를 한다' '귀를 세차게 후빈다' 등 야한 생각을 잊게 하주는 노하우까지 등장한다. 그런데 정말 이게 문제일까?

"그 날은 왠지 몸이 좀 가라앉더라고요. 남편이 열심히 하는데도 흥분이 잘 되지 않고, 관계에 집중하려고 애를 쓰다 누군가가 우리를 보고 있다고 상상하니 갑자기 흥분됐어요. 그 이후에는 연예인과 하는 것을 상상하기도 하고, 남모를 낯선 남자를 상상하기도 해요. 그런데 그런 상상을 하면 할수록 남편을 배신하는 느낌이 들어서 미안한 마음과 죄책감이 들어서 점점 관계를 기피하게 돼요."

30대 여성 D씨는 남편과의 무료한 섹스에 상상이 큰 도움이 됐지만, 어느새 그게 습관이 돼버려서 이제는 상상을 하지 않고는 흥분이 잘 되지 않는다고 한다. 실제 외도를 했거나 그런 게 아닌데도 남편을 앞에 두고 다른 이를 상상하는 게 죄책감이 들어 관계 자체를 기피하고 있었다. 시도 때도 없이 떠오르는 야한 생각 때문에 힘들어하는 10대 아이들과 별 다를 게 없이 죄책감에 시달리게 된 것이다.

"저는 거대한 혀가 제 온몸을 핥는 상상을 하면 짜릿한데, 어떨 땐 이런 상상을 하는 제 자신이 너무 더러워요."
"남편과 관계할 때 한참 나만의 상상에 빠져 있는데 자꾸 말을 시키면 짜증이 나요. 그런데 뒤에 가서 생각해보면 나한테 문제가 있는 것 같고 남편한테 미안해요."

특히 여성은 본인이 성적 공상에 빠진다는 사실 자체를 비정상은 아닌지, 흔히 말하는 변태는 아닌지 고민한다. 그리고 심해지면 섹스를 피하거나 섹스리스에 빠지는 경우가 많다. 하지만 이런 성적 공상은 지극히 정상이다. 최근에는 성적 공상의 긍정성을 강조하는 추세다. 오히려 성적 공상이 전혀 없는 경우 문제가 되곤 한다. 기본적으로 성욕이 있다면 이런 상상을 하기 마련인데, 이런 상상조차 하지 않는다는 것은 성기능 장애 중 하나인 성욕 장애라 볼 수도 있기 때문이다.

성적 공상은 여성에게 더욱 필요하다. 오르가즘 장애가 있던 여성이 성적 공상을 처방받고는 오르가즘을 느꼈다는 결과가 있어, 좋은 치료법으로 사용되고 있다. 이러한 모든 행위는 지극히 정상일 뿐 아니라 성적 흥분을 높여 오르가즘을 더 잘 느낄 수 있도록 돕는다.

혼자만의 은밀한 상상은 본인의 흥분이나 스릴을 높인다. 때론 성적 공상이 나의 무의식적인 욕망에 근거한 게 아닐까 하는 걱정에 분석하려 들거나 두려워하기도 한다. 만약 그런 경우라면 결코 두려워할 필요가 없다. 성적 추향을 현실로 옮겼을 때 사회문제 범주에 들지 않는 것이라면 그게 무엇이든 걱정할 필요는 없는 것이다.

때로 남편이 아닌 다른 사람과 관계를 상상한다고 해서 나의 사랑이 식은 것은 아니다. 하지만 매번 공상을 해야만 섹스가 가능한 수준이라면 문제가 될 수 있다. 이때는 성적 또는 상대와의 관계에 심각한 문제가 있을 수 있으니 전문적인 상담이 필요하다. 또 성적 공상에 사로잡혀 일상생활이 방해받거나,

일에 집중할 수 없다면 적극적인 치료를 해야 한다.

  섹스, 남자, 여자에 대한 이야기를 하는 것에 많이 열렸다고 하지만, 우리는 여전히 옛날에 했던 방식 그대로 변화를 꾀하려는 노력 없이 섹스를 하고 있다. 나의 남편이 어떤 은밀한 상상을 하는지, 나의 아내는 성적 공상을 하고 있는지 등을 이야기하는 사람은 거의 없다. 그러니 섹스도 점점 재미없고 시들해지고 무뎌져 간다. 권태로워진 부부의 섹스가 자극적이고 짜릿한 섹스로 다시 조성되는 것! 이보다 더 건강한 성생활은 없을 것이다.

자꾸 자세 바꾸면서,
침만 바르면 뭐하나

얼마 전 '여자가 뽑은 꼴불견 남자'라는 주제로 설문조사를 한 바 있다. 기상천외한 답변부터 주변에서 흔히 일어나는 뻔한 답변까지 여러 가지로 다양했다. 그중 5위까지 선별하였는데, 5위는 '마침내 느낄, 결정적인 상황에서 자세를 바꾸는 남자' 였다. '마침내'라는 말에서 많은 여성들의 절실한 안타까움이 느껴진다. 알다시피 오르가즘을 느끼는 여성은 그리 많지 않다. 섹스는 모두 하는데, 섹스의 결과물과도 같은 오르가즘에 오르는 여성은 별로 없다는 것이 아이러니하기도 하고, 슬프기도 하다.

　현실이 이렇다 보니 오랜만에 찾아온, 혹은 난생 처음 찾아온 '오르가즘'은 간절할 수밖에 없다. 다른 여자들이 느꼈다는 그 쾌감과 희열을 드디어 나도 느껴보나 싶었는데, 남자가 체위를 바꾸면 여자의 몸은 금세 식어버린다. 처음으로 찾아왔다가 사라진 오르가즘도 아쉽지만, 이 답변의 숨은 답은 아마도 '여성의 반응은 신경 쓰지 않는, 남성 위주의 섹스'에 대한 간접적인 원망일 것이다. 많이 변했다고 하지만 실제 우리나라 커플 중에는 자기 볼일(?)만 보고 끝내는 남자들이 여전히 많다. 그러니 이 답변이 5위에 오른 건 예삿일이다.

　그러나 하루아침에 '꼴불견 남자'로 몰린 이들의 항변도 있다. "아니, 그럼 움직이지 말라 하거나 자세를 바꾸지 말라 하면 되는 거 아닌가요? 왜 아무 말 없다가 나만 나쁜 놈으로 만드는 걸까요?" 생각해보면 남성들의 항변도 일리가 있다. 느낌이 오면 자세를 바꾸지 말라고 여자가 말을 해야 하는데, 입을 굳게 다물고 있으니 남자가 알 턱이 있을까.

　남자도 여자가 만족하고 오르가즘을 느끼길 바란다. 오히려 남자는 여자가 오르가즘에 오르면, 더 큰 만족감을 얻는다. 그러나 여자가 계속 반응하지 않거나, 거짓 오르가즘으로 일관하면 남자는 자신의 섹스 패턴을 바꿔야 할 필요성을 느끼지 못한다. 따라서 여성도 자신의 느낌을 상대가 알 수 있도록 적극적으로 표현해야 한다. 차마 입이 떨어지지 않는다면 몸으로 표시하거나, 신음소리를 내야 한다. 이것도 힘들다면 남자가 움직이지 못하도록 약간의 힘을 써서 사인을 보내서라도 오랜만에 찾아온 기회를 잡아야 한다. 그런 노력이라도 해야 남자의 무심함을 탓할 자격이 되는 것이다.

더불어 이런 암묵적 대화를 주고받으며 쌓은 경험은 두 사람만의 '속도 조절'로 돌아온다. 일석이조의 효과가 생긴다는 뜻이다. 남자도 여자의 오르가즘이 날이면 날마다 찾아오는 것이 아니라는 사실을 알아서 좋고, '그날'이다 싶으면 최대한 맞추는 노력을 보일 테니 두 사람의 속궁합은 저절로 맞춰질 수밖에 없다.

그럼 4위는 무엇일까? '애무한답시고 온몸에 침만 발라놓는 남자'다. "침까지 바르면서 열심히 해줬는데, 이 무슨?"이라고 남자는 억울하겠지만 내막은 이렇다. 무언가 지나갔는데 감도 없고, 흥도 없고, 남은 것은 그저 찝찝한 침 자국뿐이다. 남자가 나름 열심히 해줬으니 좋다는 흉내는 내지만 속은 답답하다. 나중에는 하다하다 '침 그만 바르고 빨리 끝내기나 했으면 좋을 텐데…'라는 생각까지 든다. 그리고 애꿎은 전등 위 먼지만 쳐다본다. 한 이불 속 남녀가 어찌 이리도 동상이몽일 수 있는지 안타깝다.

여성 성감대의 핵심은 음핵과 질 입구다. 물론 가슴이나 항문 등 사람에 따라 예민하게 느끼는 부분이 다를 수 있다. 이러한 성감대를 어떻게, 얼마나 자극하느냐에 따라 성감의 흥분도 달라진다. 그리고 성감대가 각각 따로 자극될 때보다는 아무래도 여러 성감대를 동시에 자극할 때 그 감도가 올라간다. 그러나 놓치면 안 되는 것이 있다. 과연 '내 여자'는 어떤 성감대를 어떻게 자극할 때 더 좋아하는지를 알고 있어야 한다는 것이다. 아무리 따뜻한 입김을 불어 넣으며 애를 써도 내가 싫어하는 부위라면 오히려 성감만 떨어뜨리고 말 것이다.

꼴불견 남자 3위는, '별 생각도 없었는데 괜히 건드려 놓고 고작 몇 분 만에 끝내는 남자'다. 거기에 "좋았어?"라고 묻는 남자라면 정말 최악이다. 사실 여기에는 남자에게도 말 못할 사정이 있다. 여자의 만족에 상관없이 자신의 속도만으로 밀어붙이는 경우라면 그나마 다행인데, 남자가 조루라면 문제가 커진다. 남자가 사정을 조절할 수 있는지 여부와 상대를 배려하고 만족시키려는 마음이 있느냐의 여부 차이가 있기 때문이다.

누구도 '짧은 남자'가 되고 싶지는 않을 것이다. 끝까지 가고 싶고 여자를 만족시키고 싶지만 내 마음대로 되지 않으니 그저 답답하기만 할 것이다. 그나마 스스로 문제가 있다는 것을 인식하면 다행이지만, 본인은 문제가 없고 고칠 것도 없다고 생각하는 남자는 할 말이 없다.

여성은 절정까지 오르는 데 한참의 시간이 걸린다. 그리고 필요조건도 남자보다 더 많다. 분위기도 어느 정도 있어야 하고, 상대방과 마음도 맞아야 하며, 자기에게 꼭 맞는 맞춤형 자극도 있어야 한다. 이렇게 삼박자가 맞아야 그나마 간간이 느끼는 게 오르가즘인데, 마구 달리다 혼자 끝너버리면 여자 입장에서는 당연히 아쉬울 수밖에 없다.

2위는 부드럽고 말랑말랑한 '새끼손가락'만 한 무기를 가지고 "아프지 않아?"라고 묻는 남자다. 여자의 오르가즘에 남자의 커다란 음경은 필수가 아니다. 새끼손가락이든 아니든 적절한 타이밍과 성감대만 잘 공략한다면, 손가락만으로도 오르가즘에 오를 수 있는 게 여자이기 때문이다.

그런데 이런 답변이 왜 2위가 되었을까? 앞에서 나온 '새끼손가락'에 집중하지 말고, '아프지 않냐'는 말에 집중하면 그 진심을 알 수 있다. 여자들이 진짜 원하는 건 크기가 아니라, 자상한 침대 위 매너다. 새끼손가락만 해도 힘으로 밀어붙이면 여자는 아플 수밖에 없다. 그리고 전혀 즐겁지도 않고, 느낌도 오지 않는다. 오직 통증만 있을 뿐이다. 혹시 본인의 물건 크기에 자신이 없어서 힘만으로 남성성을 증명하고 싶다면, 지금 당장 그 생각을 버리자! 본인이야 남성성을 제대로 발휘한 것 같아 어깨가 으쓱하겠지만, 여자에게는 그저 이기적인 남자로만 인식될 뿐이다. 여자에게 자극적인 남자는 '크고 센 남자'가 아니라 '자상한 남자'다.

그렇다면 과연 대망의 1위 꼴불견 남자는 어떤 남자일까? 다른 것 없다. 앞서 이야기한 조건을 두 가지 이상 가지고 있다면, 당신은 꼴불견 남자 1위다! 오르가즘 직전에 자세를 바꾸고(5위), 애무한답시고 엉뚱한 데 침 바르고(4위), 1분 만에 끝내고(3위), 자그마한 무기를 가지고 아프지 않느냐고 생색내는(2위) 것.

그러나 잊지 말자. 이 설문 조사는 남자들에게 여자의 속마음이 이렇다는 걸로 전달하는 의도도 있지만, 여자들이 지금껏 수동적인 섹스를 해왔음을 증명하는 것이기도 하다. 섹스를 남자에게만 맡기는 것은 옳지 않다. 남자가 알지 못하면 여자가 가르쳐주면 문제는 쉬워진다. 두 사람이 함께 노력하고, 문제를 해결한다면 더 이상 꼴불견 남자도, 꼴불견 남자를 대하는 여자도 줄어들 수 있다.

나의 발기를
여자에게 알리지 말라

"근래 관계만 맺고 나면 너무 아파서 하기 싫은데, 이 사람이
자꾸 고집을 부려서 힘들어요. 이런 걸로 병원을 오는 것도
솔직히 이해 안 되고, 남 보기 부끄럽기도 하고요. 이 나이에
무슨 영화를 누리자고 이러는지…."

시간차를 두고 진료실로 들어온 50대 부부는 서로 몸이 조금
이라도 닿을까 조심하면서 멀찍이 떨어져 앉았다. 앉자마자 아

내는 불평불만이다. 불만이 많은 듯 보여 아내의 속 이야기를 먼저 들어보기로 했다. 아내의 불만은 명확했다. 항상 시간에 쫓기듯 후다닥 본인 볼일만 끝내는 섹스에, 애무나 체위도 항상 똑같은 패턴이 불만이었다. 그나마 이 여성은 본인이 원하는 것을 정확히 알고 있어, 남편에게 좀 다르게 해보자고 권유도 해봤다고 한다. 그런데 돌아오는 남편의 답은 "다들 이렇게 한다"였다. 그 후 아내는 섹스가 재밌지도 않고 오히려 피하고 싶어서, 남편에게는 아프다고 핑계를 대고 있던 터였다.

남편의 주장은 또 달랐다. 이제껏 몇 십 년 동안 했던 것처럼 했는데, 어느 순간부터 아내가 불만을 표했다는 것이다. 그래서 도대체 뭐가 문제인지 알고 싶어 어렵게 맘먹고 병원을 찾아온 것이다. 이 부부와 깊은 대화를 하고 나니 표면적으로는 알 수 없는 진짜 문제를 찾을 수 있었다. 진짜 문제는 남편의 발기부전이었다. 어느 때부터 서서히 발기가 잘 안 되고, 됐어도 금방 죽어버리니 발기가 끝나기 전에 얼른 하려고 남편이 자신만의 속도로 달리는 것이었다.

> "여성의 성교통은 여러 원인이 있는데, 특히 폐경 이후 여성들은 질이 얇고 윤활액 분비가 잘 되지 않아 예전보다 조금 더 신경 써서 애무를 해야 하고 삽입 성교보다는 그 외의 것을 즐기는 것이 좋습니다. 가끔 남자들 중에 자기 발기력에

문제가 있는데, 그걸 숨기려고 후다닥 끝내는 경우가 있어요.
그런데 그러면 여성은 즐거워지기도 전에 남자가 치고 빠지
니까 재미도 없고 아파서 힘들어합니다.”

남 얘기하듯 하니 남편은 제 발 저린 듯 “선생님이 말씀하신
게 제 경우 같네요” 라며 자진 고백을 해온다. 여성의 성 반응
이 남성보다 늦기에 충분히 애무를 해주어야 한다는 사실이
나, 질 윤활액이 적을 때는 천천히 진행하거나 다시 애무로 돌
아가야 하는데 이런 여유를 부리기에는 남편 본인의 능력이
여의치 않았던 것이다. 계속 관계를 가지고는 있지만 아내와
마찬가지로 남편도 점점 섹스에 흥미를 잃어가고 있었다.
  상담 후 아내에게는 윤활제를, 남편에게는 발기부전 치료제
를 처방했다. 여기서 흥미로운 사실은 아내도 남편의 발기부
전을 알고 있다는 것이었다. 대충 눈치를 챘지만 치료를 하라
든지, 또는 자기가 알고 있다는 사실을 남편에게 차마 이야기
할 수 없었다고 했다. 조루증이 있는 남성의 상대 여성들이 문
제 제기를 하지 않고 입을 다무는 가장 대표적인 이유는 ‘감정
을 상하게 할까 두려워서’다. 이밖에 ‘어떻게 의논해야 할지 몰
라서’ ‘해결책이 없다고 생각해서’순이다. 일부 여성들은 심지
어 ‘조루증이 정상적인 반응이라고 생각해서’라고 답한 경우
도 있었다. 이런 대답은 대부분의 여성에게서 쉽게 들을 수 있

다. 단지 조루증에만 국한된 답변도 아니다. 성 문제에 부딪쳤을 때 나타날 수 있는 공통적인 반응인데, 이 사실이 오히려 더 씁쓸하다. 알 것 다 알고 무서울 것 없는 중년 여성이라면 으레 '못 세우는' 남편을 질질 끌고 병원을 찾을 것 같지만 실상은 그렇지 않다. 실제로 아내의 성화에 못 이겨 병원을 찾는 남성은 그리 많지 않다.

언제까지 알면서도 모른 척, 흥분하지도 않았는데 흥분한 척, 좋지도 않은데 좋은 척하며 살 것인가? 그게 과연 남자, 여자 모두를 위하는 걸까? 절대 그렇지 않다. 남편의 발기부전을 알면서도 모른 척하며 불만만 쏟아내고, 자신의 발기부전을 숨기기 위해 이기적인 남편이 되는 건 결코 좋은 모습이 아니다.

어느 부부인들 늘 좋을 순 없다. 예뻐 보이고 멋져 보이다가도 어느 순간 죽일 듯 미워하는 게 부부다. 그러나 부부라면 으르렁대다가도 위기가 닥쳤을 때는 함께 손을 잡고 헤쳐 나갈 수 있어야 하지 않을까. 과연 서로 속고 속이면서 그런 끈끈한 관계를 만들어 갈 수 있을지 스스로 자문해볼 일이다.

부부의 문제 중 성생활에 대한 문제가 가장 첫 번째라면 반드시 해결해야 한다. 그게 부부생활의 전부는 아니지만, 그것만큼 부부를 똘똘 뭉치게 하는 것도 없기 때문이다. 상대에 대한 불만을 말로 하기 어렵다면, 가벼운 스킨십을 자주 하는 것도 좋다. 산책하면서 자연스럽게 손을 잡거나 팔짱을 끼거나 하는 것이다. 볼 것 못 볼 것 다 본 사이에 이 정도 스킨십이 뭐가 그리 대수냐 싶겠지만, 익숙하지 않은 스킨십이 오히려 더 짜릿하게 다가올 수 있다는 것을 잊어서는 안 된다.

스킨십 자체에 불만이 있다면 평소 잘 하지 않았던 문자메시지나 전화로 사랑을 표현해보는 것도 좋다. **감정적으로 가까워지면 몸은 자연스럽게 가까워진다.** 또 서로에게 감정적으로 호의적인 상태라면 자신의 불만을 조심스럽게 꺼냈을 때 서로 얼굴 붉히지 않고 문제가 단박에 해결될 수도 있다.

온갖 잡동사니로 어지러웠던 침실 주변도 정리해보자. 에로틱하게 또는 로맨틱하게 꾸며보는 것도 좋다. 보면 기분 좋고 그로 인해 섹스에 대한 기대감도 상승된다. 기대하고 상상하는 그 자체가 성적 흥분을 높이는 데 큰 역할을 하는 것은 두말할 필요도 없다.

그리고 가장 중요한 것은 행복한 기분으로 움직이고 상대를 처음 볼 때 웃음으로 맞이하자. 나의 웃음은 상대를 행복하게 하고 나를 행복하게 한다. 그리고 조금씩 성생활에 변화를 줘보자. 내 불만이 단박에 해결될 것이라는 기대만 없다면, 거창할 필요도 없고 아주 소소한 변화라도 상관없다. 새로운 시도는 적당한 긴장감을 주고 확실한 기분전환이 될 것이다.

그녀의 신음소리는
100% 진짜일까?

살면서 거짓말을 한 번도 안 한 사람이 과연 있을까? 선의든 악의든 말이다. 연인이나 부부 사이에서도 항상 진실만이 존재하지는 않을 것이다. 커플 간에 관계를 좋게 유지하는 데 있어 정직이 최선은 아니라는 연구 결과도 있으니 말이다. 그러나 커플 사이라도 절대 해서는 안 되는 거짓말이 있는데, 그중 하나가 여성의 '거짓 오르가즘'이다.

  거짓말의 흔한 증상은 이렇다. 우선, 눈동자가 불안정하거나,

입을 가린다거나, 손을 안절부절못한다. 그런데, 거짓 오르가즘 세계에서는 유난히 대종상 여우주연상감이 넘쳐난다. 어디서 배웠는지조차 알 수 없는 거짓 오르가즘 연기는 워낙 완벽하거나 처음부터 그래왔기 때문에 상대가 그 진위를 가리기 쉽지 않다. 누구는 거짓 오르가즘 판별법으로 여성의 피부 홍조 현상, 맥박 증가, 유두 변화, 발가락 변화 등을 잘 관찰하면 된다고 한다. 하지만 흥분이 최고조를 찍을 때 여성의 맥박을 재고, 발가락의 모양새를 관찰하는 남자는 어디 있단 말인가.

평소 현모양처로 소문이 자자한 30대 여성 H씨는 요리는 물론이고, 집안일이며 남편 내조에 아이들 교육까지 똑 부러진다. 주변 사람들의 칭찬이 끊이질 않고, 부럽다는 이야기를 들으면 자신도 어깨가 으쓱하다고 한다. 그런데 모든 것이 완벽한 것처럼 보이는 H씨에게도 큰 고민은 있다. 또래 친구들을 만나면 나오는 잠자리 이야기에서는 한 마디도 할 수 없다는 거다.

"남들은 매번은 아니라도 가끔씩 정도는 오르가즘을 느낀다는데…. 저는 도대체 그게 뭔지도 모르겠어요. 남편과 사이가 안 좋은 것도 아니고, 관계도 꽤 자주 가지는데…. 재미도 없고, 좋은 척 하느라 힘만 들고…. 정말 미치겠어요."

남들은 다 한 번씩 느껴봤다는 '그것'을 도무지 알 수가 없다는 건데, 솔직하게 말하기 어려워 섹스를 할 때 늘 연기를 한다고 한다. 하지만 이대로는 문제가 될 것 같아 큰맘 먹고 병원을 방문한 것이다. H씨는 자신이 오르가즘을 느끼지 못하는 여자라는 사실을 남편이 알까 전전긍긍했다. 특별한 신체적 기능에 이상이 없다는 결과에도 그럼 도대체 뭐가 문제냐고 되레 묻는다. 이 여성의 문제를 굳이 꼽자면 남편 위주의 섹스, 남편의 사이클에만 맞춘 섹스만 하고 있다는 것이다. 섹스를 하는 데 자신의 욕구나 의도는 없고, 무조건 남편에게만 맞추다보니 정작 본인은 조금 흥분하다 거기서 끝나버리는 일이 허다했던 거다. 애무를 받고 흥분이 조금 되려는 찰나, 조금 더 만져줬으면, 다른 데도 애무를 해줬으면 하는 생각이 들지만 남편이 삽입을 하려고 하면 더 이상 요구를 못 한 것이다. 그리고 일방적인 피스톤 운동으로 끝나는 섹스를 항상 해왔던 것이다.

　이분 남편의 입장은 어떨까? 아내를 애무해 질이 젖고, 아내가 흥분한 듯 교성을 지르니 '아, 준비가 되었구나' 착각하고 삽입 성교에 들어갔다. 아내는 단 한 번도 불만을 애기한 적이 없으니 자신도 제대로 하고 있다고 생각해왔을 것이다.

　연기의 달인이 한 명만 있는 것은 아니다. 30대 후반 여성 D씨는 한 번도 오르가즘을 느낀 적이 없는데, 이상이 있는지 검사하고 싶다며 병원을 방문했다. 평소 남편과의 성관계는 어땠는지 물어보니 그냥 영화에서 본 것처럼 남편이 사정하면 오르가즘에 오른 듯 신음소리를 내며 연기를 해왔다고 한다.

> "왜 계속 연기를 하셨나요? 병원에 와서 상담을 하는 것처럼 남편과 솔직하게 이야기해보는 것이 먼저일 것 같은데요."
> "남편이 애쓰는데 제가 찬물을 끼얹기도 그렇고, 또 그런 척하면 다음에 더 잘하지 않을까 격려하는 의미도 있고…."

많은 남자들이 여자도 매번 섹스 때마다 오르가즘을 느낀다고 오해하고, 여자들은 이에 부응하듯 거짓 오르가즘을 연기하고 있다. 이유는 다양하다. 한창 무르익은 분위기를 깰 수 없어서, 남편에게 상처를 줄까봐, 그리고 여성 D씨처럼 격려의 의미로, 아픈 것을 참을 수 없어서, 빨리 끝내고 쉬려고, 일종의 선의의 거짓말로 등등. 많은 이유를 대며 거짓 오르가즘을 연기하는 상황이다. 그러나 거짓 오르가즘은 상대를 속이는 것에 더해 결국 자신 스스로를 옭아매는 덫으로 작용된다. 생각해보라. 남자는 언제나 여자를 황홀하게 만들고 있다고 자신할 테고 자신의 섹스 테크닉이 최고라고 자부할 거다. 그렇게 되면 결국 남자는 새로운 성감대를 찾으려고 노력하거나, 색다른 시도 없이 기존의 성관계 패턴을 계속 반복할 것이다. 하지만 이런 최악의 상황은 결국 여자인 본인 스스로 만든 것이다.

과연 거짓 오르가즘이 언제까지 통할까? 거짓 연기를 계속하다 보면 언젠가는 상대도 그것을 눈치 챌 것이다. 그런 경우 남성이 겪는 충격은 여성이 생각하는 것보다 더욱 크고 깊다. 최악으로는 발기부전과 같은 성기능 장애를 겪게 될 수도 있다. 또한 여성도 그동안 본인이 아닌 남성 위주의 섹스를 해왔기 때문에, 더 이상 섹스를 해야 할 필요성을 느끼지 못하고 섹스파업을 하게 될 확률이 높다.

> "거짓 오르가즘 연기가 좋지 않다면서, 왜 신음 소리나 반응
> 을 과장하라고 하는 거죠?"

상담을 하며 좀 더 과장해서 신음소리를 내고, 이왕이면 더 섹시하게 반응하라고 조언할 때가 있다. 하지만 거짓 오르가즘과 비교해 이건 엄연히 다른 이야기다. 여자가 섹스할 때마다 늘 오르가즘에 이르는 것은 아니지만, 그렇다 해도 섹스를 나누는 과정에 만족하며 기분 좋게 끝낼 수도 있고 적당한 쾌감으로 만족할 수도 있는 거다. 그런 느낌이 드는 순간순간 반응해 신음소리를 내거나 섹시하게 소리를 내는 것은 진실한 반응이지 거짓을 연기하는 것은 아니다. 또한 그렇게 소리를 내다보면 상대와 자신 모두 좀 더 흥분돼 진짜 오르가즘을 느낄

수 있기, 일종의 '섹스 스킬'이라 할 수 있다. 이와 반대로 거짓 오르가즘은 불만스러운 섹스를 감추는 것이다. 연기를 하다 보면 본인도 연기에만 집중하게 돼 자신의 성감대나 쾌감에는 집중하지 못하고 만다. 온몸의 감각을 곤추 세워도 오르가즘에 도달하지 못하는 경우가 다반사인데, 연기에 신경을 쓰고 있으니 더더욱 멀어질 수밖에.

섹스는 둘이 함께하면서 각자의 쾌락을 추구하는 것이다. 어느 한 사람의 포기와 희생으로 상대만 쾌락을 얻는 게 절대 아니다. 각각 자신의 성감과 흥분, 오르가즘에 스스로 책임이 있고 성취해가야 하는데, 상대에게만 맞추는 건 결국 본인의 성적 자립이 결여돼 있음을 뜻하는 것뿐이다. 여성은 상대 남성에게 솔직하게 문제를 드러내고 함께 해결책을 찾으려 노력해야 하고, 남성은 거짓 오르가즘보다는 진정한 오르가즘을 바란다는 사실을 여성에게 인식시켜야 한다. 그리고 무엇보다 필요한 것은 자신의 오르가즘은 자기 스스로 만들어가는 것이라는 확고한 생각이 필요하다.

'발기'라는 말이 남자에게만 쓰이는 말 같지만,
사실은 여자도 '발기'를 한다.
남자처럼 눈에 띄게 보이지는 않지만,
여자의 성기도 발기하고, 거기에 윤활유까지 더해지면
한껏 부풀어 오른 발기조직에 질이 둘러싸이게 된다.
바로 이때 질 삽입을 하면 절로 '명기'라는 말이 나온다.

성감대,
그곳이 알고 싶다

주변에 보면 생각보다 많은 사람들이 자신의 몸에 대해서 잘 모른다. 특히 성적인 부분, 성감대를 알고 있느냐고 물으면 백이면 백 모두 손사래를 친다.

"결혼한 지 10년째인데 부부 관계를 할 때마다 아파요."

"섹스에 대해서 전혀 모르시는 것 같네요. 공부를 좀 하셔야겠어요."

"네? 그런 것도 공부를 해야 되나요?"

이 여성은 오르가즘은 물론이고 섹스에 대해 근본적으로도 잘 모르고, 자신의 성감대에 대해서도 무지했다. 이 여성이 특이하다고 여겨지겠지만, 사실 꽤 많은 사람들이 섹스는 그저 본능에 따라 몸이 이끄는 대로 하면 된다고 여긴다. 하지만 단언컨대, 섹스는 아는 만큼 즐길 수 있다. 생각해보면 수십 년 동안 똑같은 체위, 똑같은 순서대로 한다면 얼마나 지루할까? 여러 환자들과 성상담을 하면서 느낀 점은, 너무 많은 사람이 자신과 상대 몸에 대해 잘 모른다는 것이다. 신기하게도 관심 없는 섹스만큼이나 자신의 몸에도 관심이 없었다. 그러니 자신의 성감대가 어딘지 대답하지 못하는 경우가 다반사다. 섹스에 대한 기본 상식이 없으니 어디서부터 이야기를 시작해야 할지 난감한 때가 한두 번이 아니다.

한 제약회사가 실시한 기혼 남녀 성관계 불만족도 조사에서, 한국 남성 52.3%가 불만족스럽다고 답했다. 한국 여성 역시 일본 여성 다음으로 32.2%가 성관계에 만족하지 못한다고 답했다. 만족도가 낮은 이유로 남성은, '성관계 횟수가 적어서(32%)', '아내가 테크닉이 없어서(24.7%)', '부인이 성관계에 관심이 없어서(23.3%)' 등을 들었다. 반면 여성들은 '남편이 성관계 전후의 분위기 조성에 무심해서(26%)', '남편이 자신의 성적 욕구만 생각해서(20.7%)’, ‘배우자가 싫증나서(12.7%)’라고 응답했다. 부부 사이 침대 위 대화 부족과 성에 대한 무지가 부른 참극 아닌 참극인 셈이다. 어쩌면 “그래, 우리 집하고 똑같네”, “바로 내 얘기야”라고 무릎을 칠지도 모르겠다.

장사를 시작하기 전 꼼꼼한 사전조사 없이 시작하면 망하기 십상이듯, 섹스 역시 아는 것만이 답이 되는 경우가 다반사다. 상대의 성감대, 성적 취향, 좋아하는 애무법 등 직접적인 섹스 취향뿐만 아니라 성격, 좋아하는 노래나 색깔, 향 등 사소한 개인 취향까지 아는 게 답이다. 오래 사귄 연인이나 몇 십 년 된 부부라고 상대에 대해 모두 알고 있다는 생각은 거의 착각에 가깝다. 그런 섣부른 판단이 재미없는 섹스, 만족스럽지 못한 성생활을 만드는 것이다.

> “남편이 내 귀가 성감대인 줄 알고 자꾸 뜨거운 바람을 불어 대는 통에 관계에 집중이 안 돼요. 정말 무심하고 몰라도 너무 모르는 거 같아요.”

50대 초반 여성이 자신의 남편에 대해 털어 놓은 말이다. ‘열 길 물속은 알아도 한 길 사람 속은 모른다’는 말처럼 상담

차 병원을 찾는 분들 대다수가 상대의 성감대뿐 아니라, 성감대 자체에 대한 이해도 부족한 경우가 많았다. '짜릿하다', '간지럽다' 등 사람마다 다르게 느낄 수는 있어도 성감대는 누구나 갖고 있다. 일반적으로 여성의 성감대는 남성에 비해 더 민감하며, 범위도 넓다. 대체로 입, 혀, 목, 귀, 겨드랑이, 등, 젖가슴, 유두, 허벅지, 성기 등이거나 몸 전체가 성감대인 사람도 있다.

　여성들은 흔히 **남자의 성감대가 성기뿐이라고 오해하는데 남자의 성감대도 의외로 그 범위가 넓게 분포되어 있다.** 유두, 허벅지는 물론이고 귀, 목, 무릎, 치골을 성감대라고 하는 남자들도 많다. 이처럼 성감대는 사람마다 다르기 때문에 유두는 살짝만 건드려도 흥분하지만 목 부위는 아무리 깨물어도 별다른 반응을 하지 않을 수 있는 것이다. 결국 자신과 파트너의 성감대 집중공략법을 공부하는 것만이 '황홀한 밤'을 보낼 수 있는 가장 **빠른** 지름길이다.

　성감대가 제대로 학습되지 않은 여성은 황홀경을 안겨 줄 카사노바 품에 안겨도 소리 나는 악기는커녕 목석 같은 죽부인에서 벗어날 수 없다. 그러니 이제 여성들이여! 자신의 몸에 관심을 갖기 바란다. 몸의 여러 부위를 만져보거나 자극해보는 등 자신만의 성감대는 자위를 통해 학습되는 것이다. 그렇게 정확히 알고 있을 때, "거기가 좋아요", "거기는 아파요"라고 가르쳐줄 수 있지 않겠는가. 여성 스스로 자신의 몸을 탐구하는 수고를 하지 않고, 그저 상대가 알아서 다 해주기만을 바라는 것은 너무 이기적이다. 숙맥인 상대라도 적재적소를 공략하는 카사노바로 만드는 것은 결국 여자의 몫이다.

"상대의 성감대를 아시나요?" 많은 사람에게 이 질문을 해보면 열에 아홉은 "그런 것 몰라도 이제껏 잘 해왔다"고 대답한다. 그리고 수십 년을 함께해왔으니 타성에 젖어 예전에 했던 방법 그대로, 아니면 웬만한 것은 이미 다 안다고 착각하고 더 이상의 새로움을 받아들이거나 학습하려 들지 않는다. 그러나 우리 몸은 시간이 흐르면 감각도 무뎌지고, 흥분도 덜 되고, 오르가즘도 왔다 갔다 하며 전체적인 성감이나 기능도 떨어진다. 이르면 40대부터 남성은 발기부전이나 사정 장애 같은 직접적인 성기능 장애가 생길 수 있고, 여성 또한 과거에 없던 성교통이 생기거나 성감이 떨어질 수 있다. 이때부터 맞춤형 섹스가 필요하다는 의미다. 서로 성에 대해 솔직해지고 '내가 왜 섹스를 하는가'에 대한 원초적인 고민도 해야 한다. 자신이 좋아하는 것, 싫어하는 것을 명확히 표현하는 건 필수다. 일차적으로 성생활에 대한 책을 읽는 것도 좋고, 더 나아가 전문적인 강좌나 상담을 받아보는 것도 좋다. 시작이 반이라는 말처럼, 우선 변화를 가져보자는 생각만으로도 이미 부부 사이 성적 화합의 물꼬는 트인 것이다. 이제 그것을 실전에 옮겨 실천한다면, 더할 나위 없이 좋은 성생활을 할 수 있을 것이다.

나는
평균입니까?

"부부관계는 한 달에 몇 번 정도 하는 게 정상입니까?"

"우리나라 평균은 어느 정도입니까?"

"성관계 시간은 평균 어느 정도입니까?"

"내 것이 평균은 갑니까?"

성기능 장애를 겪는 사람들이 가장 집착하는 것이 바로 '평균'이다. 특히 남성의 경우 성관계 횟수, 시간에 집착한다. 술자리에서 친구들과 나누는 대화로 '평균 횟수와 시간'을 임의로 정해놓고, 거기에 부합해야만 만족스러운 성생활을 하고 있는 것처럼 느낀다.

대한남성과학회가 전국 2천 명 이상의 남성을 대상으로 한 조사에 따르면, 월 평균 5.23회 성관계를 하는 것으로 조사됐다. 연령별로는 30대가 월 평균 6.22회, 40대가 5.44회, 50대 이상이 4.60회, 그리고 20대가 4.20회 순으로 나타났다. 20대는 미혼자나 학생이라는 상황이 반영되어 적은 수치가 나온 것으로 보인다.

그렇다면 이런 조사 범위에 들지 않는 사람 혹은 부부는 비정상이란 말일까? 물론 그렇지 않다. '만족'이란 횟수에 상관없이 느끼는 법이다. 그렇기 때문에 '평균'이라고 세워 둔 개인의 잣대로 목표치를 채우려는 행위 자체는 건강뿐 아니라 정신에도 해롭다. 그 기준도 모호하고, 사실 유무도 가려지지 않는 술자리 만담으로 '평균'에 대한 패턴에 나를 맞출 필요가 없다는 얘기다.

그렇다면 남자 나이 열 살만 넘어도 자동적으로 관심을 갖게 된다는 '크기'에 대해서는 어떠한가?

"어머, 저 남자 코 좀 봐, 진짜 큰데, 누군지 몰라도 부인이 부럽네."

"남자 왼손 네 번째 손가락이 두 번째 손가락보다 길면 테크닉이 죽인다고?"

"귓구멍 크기를 보면 여자의 그곳도 알 수 있대."

"입이 작은 여자는 거기도 작다며?"

"발뒤꿈치 오목한 부분이 얇을수록 여자 거기 힘이 좋다며?"

별의별, 가지각색 풍문을 듣고 있다 보면 "정말 그럴까?" 궁금해진다. 실제 코와 음경의 크기를 비교 분석해 조사한 결과에 따르면 그 해답은 명확하다. 코와 남성 성기의 상관관계는 전혀 없을 뿐 아니라 여성의 그곳을 일컫는 각종 속설 또한 의학적으로 아무런 관련이 없다.

예부터 남성들은 '큰 물건'을 동경해왔고, 평균 음경 크기에 해당되는 남자라도 자신의 음경 크기에 대해 불만족스러워한다고 조사됐다. 그렇다면 대한민국 남성들의 평균적인 음경 크기는 어느 정도일까? 몇몇 연구를 종합해보면 평균 음경 길이(음경이 배와 만나는 지점에서 만져지는 치골결합부에서 귀두부 첨단까지의 크기)는 평상시 7~8cm, 발기되면 11~12cm 정도다. 또 음경이 작을수록 발기 때 늘어나는 비율은 커진다. 그래서 발기를 하면 대개 비슷해지고 평상시 음경 길이와 발기 때 늘어난 길이는 거의 상관관계가 없다. 따라서 '큰 음경일수록 작은 음경보다 더 크게 발기된다'는 속설은 잘못된 것이다.

음경은 실제 발기 돼 5cm 이상이면 기능상 문제가 없다. 의학적으로 외소음경인 사람도 실제 성생활에 큰 문제점이 없다는 보고도 있다. 희대의 바람둥이로 알려진 카사노바도 실제 음경의 크기는 보통보다 작았다고 한다. 결국 만족스러운 성관계는 음경의 크기가 좌우하는 것이 아니라 테크닉 혹은 감정적 소통 문제인 것이다.

비만인 경우라면 체중 감량으로 좋은 효과도 볼 수 있다. 실제 비만인 남성이 7kg 정도 감량하면 음경의 길이가 1cm 늘어난다는 보고도 있다. 숨은 1cm를 찾고 싶다면 지금 당장 다이어트를 권하고 싶다.

이제 섹스 '시간'에 대해 말해보자. 재밌는 사실은 남자들 대부분 자신의 섹스 경험담을 이야기할 때, 한 번에 1시간씩 했다는 경우가 심심치 않게 등장한다. 하지만 이건 딱 잘라 말해 거의 '뻥'에 가까운 소설이다. 만약 이 이야기의 진위여부를 확인하고 싶다면 그 친구의 와이프와 가까워지길 권한다.

물론 1시간 이상 2시간 가까이 섹스가 불가능하다는 건 아니다. 다만 대부분 여자의 질은 그 오랜 시간 사랑의 애(愛)액을 뿜어 주기 매우 어렵다. 그렇기 때문에 여자에게 있어 가장 중요한 건 '시간'이 아닌 '만족'이 될 수밖에 없다. 오히려 많은 여자들은 20분 이상 섹스가 진행될 경우 만족도가 떨어진다고들 말한다. 실제로 여성들은 성관계 20~30분 후부터 질이 건조해지기 때문에 오히려 통증이나 불쾌감을 느끼기 쉽다. 사람마다 차이는 있지만 본격적인 성관계의 최적 시간은 보통 15분 안팎으로 보면 된다. 무엇보다 삽입 전 애무 없이 이뤄진 섹스는 여성에게 통증만 안겨 줄 뿐이다.

  남녀가 동시에 오르가즘을 느끼기 위한 삽입 전 애무 시간은 평균 21분이다. 하지만 지난 2005년 한국성과학연구소가 조사한 결과, 대한민국 남성의 절반이 애무에 인색하고, 무신경한 것으로 드러났다. 심지어 애무에 투자하는 시간이 '5분 미만'이라고 응답한 남성도 48.3%나 되었다. 애무가 거의 없다는 부부는 성생활 만족도나 오르가즘을 느끼지 못하는 경우도 당연히 높게 나타났다. 여성이 성적 흥분을 느끼면서 성관계를 준비하는 데 가장 중요한 것이 애무다. 오르가즘을 느끼기 위한 '황금 열쇠'인 애무에 이처럼 짧은 시간을 투자하면서 오직 피스톤 운동만 오래 한다는 건 여성에게 성교통만 느끼라는 것과 다를 바 없다.

  성관계 횟수든, 크기든, 시간이든 절대적이고, 옳은 평균은 없다. 지극히 개인적이며 상대적인 것이 섹스인데, 쓸데없이 평균 타령만 하다 즐거운 성생활을 놓칠 수도 있다. 혹시 당신도 '됐어. 나는 평균은 했어'라고 집착하고 있다면 자기 합리화일지 모른다.

섹스는 두 사람 모두 상대가 좋아하는 것을 탐색하고, 상대의 희열에 만족을 느끼는 것 아닐까?

여자는 동의한 적 없는
자화자찬 센 남자

아내가 바람을 피우고 있다는 청천벽력 같은 이야기를 이상하리만치 담담한 목소리로 말하는 40대 남성 A씨. 이 남성은 근래 아내가 평소와 좀 달라서 몰래 휴대폰을 들여다보고는 그 사실을 확인했다. 주고받은 메시지를 보니 이미 갈 데까지 갔고, 거기다 꽤 오래된 관계라는 것 때문에 큰 충격을 받았다고 한다. 병원을 찾기 전까지 사실을 부정하기도 하고, 혼자 화도 내고, 혼자 마음속 싸움을 오랫동안 치러온 것이다. 남성은 체념한 듯 보였다. 그리고 내린 결론이 모두 자신 때문이라고 했다.

> "사실 조루가 좀 있어서 밤일에 소홀하긴 했어요. 와이프가
> 원래 그런 말을 하지 않는 성격인데도, 언젠가부터 만족스럽
> 지 않다는 표현을 은근하게 하더라고요. 빨리 해결을 했어야
> 했는데⋯. 그래서 이렇게까지 된 것 같아요."

이 남성은 아내가 잠자리에 만족하지 못해 외도를 했다고 생
각했다. 그래서 정력을 키워 아내를 다시 제자리로 돌아오게
만들겠다는 거였다. 남성의 말대로 어쩌면 그 이유로 아내가
외도를 했는지도 모른다. 그렇다면 정말 카사노바급 정력을 가
지면, 그가 바라는 대로 아내가 돌아올 수도 있다. 문제는 오직
그 이유만인가에 달렸다.

대부분의 남자들은 '센 남자'이고 싶어 한다. "나도 새벽마다
불끈불끈 일어서는 남자이고 싶다." "매일 아내를 뿅 가게 하
고 싶다." "나도 이제 의무방어전이 아니라 정말 '하고 싶어서'
하는 남자이고 싶다." 이 남자들의 절규를 한 마디로 정리하면
결국 '정력 센 남자'이고 싶다는 거다. 도대체 '정력'이 무엇이
기에 남자들이 이토록 울부짖는 것일까.

정력의 사전적 의미는 심신의 활동력, 남자의 성적 능력
이다. 이탈리아의 전 총리였던 실비오 베를루스코니(Silvio

Berlusconi)가 "문 밖에 11명이 있었는데, 나는 더 할 수가 없어 하룻밤에 8명과만 성관계를 했다. 내 정력에 만족한다"고 한 발언에 많은 이들이 비난했지만, 사실 꽤 많은 남자들이 그를 동경하고 있을 것이다. 매춘을 자랑하는 총리가 한심하지만, 한편으로는 대단하고 놀랍다는 생각도 든다. 아마 남자라면 다들 이런 정력에 대한 환상을 가지고 있을 것이다. 남자에게 참 좋은데 설명하기 어렵다는 수많은 건강식품, 음식, 각종 운동 기구들이 쏟아져 나오는 이유가 여기에 있다. 과연 이런 건강 식품, 각종 영양제는 효과가 있을까?

  인삼이나 녹용 같은 건강을 위한 건강식품은 적당히 복용하면 문제가 없다. 하지만 검증되지 않은 건강식품은 대개 고열량이 많아 비만으로 가는 지름길이라 오히려 정력을 떨어뜨릴 수 있다. 고단백 음식을 섭취하는 것도 도움이 되지만, 과하면 먹지 않으니만 못하다. 특히 삼겹살 같이 동물성 지방이 많은 음식은 혈관에 지방 찌꺼기를 남기기 때문에 좋지 않다. 음경으로 가는 혈관, 음경 자체의 혈관, 남성 호르몬 분비를 관장하는 고환, 뇌로 가는 혈관을 계속 좁히는 셈이다. 증명되지 않은 건강식품이나 민간요법에 의지하느니, 차라리 야외에서 햇빛 받으며 규칙적으로 운동하는 것이 더 좋다. 과격한 운동보다는 일주일에 3회 이상, 30분 정도 땀이 날 정도의 운동이면 적당하다. 규칙적인 운동은 남성 호르몬 분비에 도움이 되기 때문이다. 발기라는 것이 혈류가 음경에 확 들어와서 빠지지 않는 상태인데, 혈관들을 먹는 걸로 다 막아버리면 당연히 발기가 제대로 안 될 수밖에 없다.

이밖에도 정력을 갉아먹는 것들이 무엇이 있을까. 첫째는 금욕이다. '용불용설'이라고 귀에 못 박히도록 말해도 사람들은 그 중요성을 잘 모른다. 다리 한쪽이 부러져서 깁스를 해본 사람은 알 것이다. 깁스를 풀고 나면 다리 근육과 힘에 얼마나 큰 차이가 나는지. 오랫동안 사용하지 않으면 성욕이 발동하는 시점, 반응강도, 음경해면체의 탄력 등 여러 면에서 차이가 난다. 정력도 마찬가지다. **금욕하다가 하루 날 잡아서 모든 걸 터뜨리겠다 결심하고 있겠지만, 안 하면 안 할수록 몸은 그걸 기억해서 점점 더 못하게 된다. 금욕하느니 차라리 매일 하자. 그게 낫다.**

둘째는 스트레스다. 스트레스를 안 받고 살 수는 없겠지만 적절히 해소가 되고 극복이 되면 문제가 되지 않는다. 그러나 해결되지 않는 스트레스가 장기간 지속될 경우, 정력과 관계되는 부위의 혈류량도 줄고 스트레스 호르몬은 성욕이나 정력에 마이너스로 작용한다.

셋째는 자기 관리 없는 생활 패턴이다. 한 남성 연기자가 인터뷰에서 마흔이 되니 체력이나 건강에 차이가 많이 나서 채

식 위주 식단과 운동을 주기적으로 하고 과음을 피한다며 자기 관리에 철저한 모습을 보여주었다. 우리와 연예인은 좀 다르겠지만 이런 철저한 자기 관리는 정력에도 매우 중요하다. **과음이나 흡연은 남성 호르몬의 생산을 줄이고 음경의 혈관 기능을 떨어뜨리니 백해무익하다**고 말하는 입이 아까울 정도다. 뱃살과 정력은 반비례한다. 그러니 동물성 위주 식사를 줄이고 비만이 안 되도록 운동이나 식단 관리가 필요하다. 당뇨병, 심혈관 질환, 고지혈증, 간 질환, 신장 질환 등 대부분의 만성 질환은 정력을 감퇴시키는 요인으로 작용한다. 대표적인 것이 당뇨병으로 모세혈관에 손상을 주어 음경의 혈액 순환에 장애를 초래한다. 심혈관 질환과 고지혈증은 혈액에 문제를 일으켜 발기에 심각한 악영향을 미친다. 간 질환으로 간 기능이 떨어지면 성욕을 자극하는 남성 호르몬이 줄어들게 된다. 신장 질환으로 투석을 받는 환자의 50%가 발기부전이다. 또한 남성 호르몬, 성장 호르몬, DHEA 등 각종 호르몬의 결핍도 정력에 치명적이다. 우리가 흔히 복용하는 감기약이나 위장약과 같은 여러 종류의 약들이 성기능을 감퇴시킬 수 있다.

남성 A씨의 경우 조루 치료는 반드시 필요하다. 그런데 이 남성의 생각처럼 과연 정력만 세지면 아내가 돌아올까? 카사노바가 단지 정력의 화신이었기 때문에 수많은 여자들의 몸과 마음을 훔칠 수 있었을까? 카사노바는 수많은 여자를 만났지만, 만나는 동안에는 진심으로 한 사람만 사랑하고 바라봤다고 한다. 상대 여성을 끊임없이 칭찬하고, 침대 위에서는 사랑받는다고 느낄 수 있게 최대한 배려함으로써 상대 여성을 만족시킨 것이다. 이로써 여자들이 진짜 원하는 '센 남자'가 어떤 남자인지 짐작이 될 것이다. 왕성한 성욕과 발기력, 분수처럼 뿜어나는 사정을 하는 것만으로 센 남자라 우쭐대지 말자. 침대에서 진짜 센 남자는 발기력이 세고 오래하는 남자가 아니라, 매너 있고 다정하고 진심으로 나를 아끼고 사랑하고 있다는 느낌을 물씬 풍기는 남자다.

여자 말 한마디에
쫄기는!

"근래 이게 커지기는 하는데, 힘도 약하고 빨리 끝나버려서
요…. 사실 아내와 하는 것보다 자위할 때가 훨씬 편하고 발
기도 더 낫습니다."

병원을 찾은 수많은 사람들과 대화를 나누며 알게 된 사실은
이 시대 남성들이 언제나 강하지만은 않다는 것이다. 오히려
여성의 반응에 '일희일비'하는 모습을 빈번하게 마주한다. 어

렵게 병원을 찾았다는 이 30대 남성도 마찬가지였다. 자위를 더 편하게 느끼는 이 남성이 부끄러울 게 뭐가 있는가. 자위가 그렇게 큰 문제일까? 성기에 손상을 줄 정도로 거칠게 하거나 집착이나 중독 수준의 자위가 아니라면 대개는 자연스러운 성생활의 일부일 뿐이다. 실제로 자위를 권하는 처방도 남녀 구분 없이 이뤄지고 있다. 하지만 여기서 아쉬운 것은 남자의 자위 이면에는 아내를 만족시켜야 한다는 부담감이 많다는 것이다. 생각보다 꽤 많은 남성들이 아내와의 섹스를 기피하고, 자위를 선택하는 가장 큰 이유도 그것이다. 도대체 그 부담감은 어디에서 시작된 걸까?

이 남성의 경우는 이랬다. 어느 날 아내와 섹스 후 샤워를 하러 간 사이 우연히 아내가 자위로 오르가즘을 느끼는 것을 목격했다고 한다. 조금 전까지 아내의 신음소리와 몸짓에 의기양양했는데 그게 모두 연기고 거짓이었다고 생각하니 충격을 받은 것이다. 이후 이것저것 새로운 것도 시도해보고, 애무에 좀더 신경을 썼지만 점점 자신감이 사라져서 이제는 섹스가 재미없고, 아내 앞에서는 발기도 잘 되지 않는다는 것이다.

또 다른 50대 초반 남성은 발기 정도가 이전보다 약해지고, 평소 성욕도 거의 없다며 병원을 찾았다. 이 남성은 부부싸움 중에 아내에게 "제대로 하지도 못한다"는 말을 들은 후부터 관계가 어려워졌다고 한다. 신혼 초 자신보다 아내가 섹스를 더 자주 원하는 것이 조금 부담스럽긴 했지만, 그래도 아내에게 맞춰 나름 속궁합은 잘 맞는다고 생각해왔다고 한다. 이따금 욕구가 없는데도 관계를 가져야 하는 날들이 있어 지치긴 했지만, 그래도 아내가 먼저 원하는 걸 보면 잠자리가 만족스럽다는 결과라 여겼다. 하지만 아내의 이런 충격적인 발언을 듣고 난 후 관계가 어려워진 것이다. 또 부부싸움 중 스치듯 튀어나온 말이라 따질 수도 없으니 속으로만 끙끙 앓고 있었다.

이 두 남성의 이야기를 듣고 있자니 어떤 말로 위로를 건네야 할지 조심스럽다. 그들의 마음이 십분 이해되기 때문이다. 하지만 그와 동시에 그들에게 묻고 싶다. "왜, 그토록 여성을 만족시키는 것에 집착하느냐?"고. 분명 내가 좋았던 것만큼 상대도 좋았다면 자신의 우월한 남성성이 증명된 것 같아 자신감은 높아질 것이다. 하지만 매번, 항상, 좋을 수만은 없다. 남자라고 컨디션이 항상 좋을 수 없는 것처럼, 여자도 마찬가지다. 어느 날은 오르가즘을 느낄 수도 있고, 아닐 수도 있다. 몇 차례 실수 때문에 상대를 만족시키지 못했다는 좌절감에 빠져서는 안 된다. 물론, 아내 또한 남편에게 큰 상처가 될 말은 해서는 안 된다.

마음대로 서지 않거나, 섰다 싶었는데 어느새 꼬꾸라지고, 아무리 다시 세우려 해도 소식이 없는 그 상태. 남자로서는 엄청나게 자존심이 상할 뿐 아니라, 인생에 사형선고를 받은 것과 같다. '내가 이렇게 늙었나?' '내 건강에 큰 문제가 생겼나?' 등 온갖 생각이 머리를 스치고 갈 것이다. 남자의 심정이 이렇게 복잡한데 상대 여성이 호들갑을 떨거나, 실망스러운 모습을 보이면 이보다 더한 낭패가 없다. 이럴 땐 "오늘은 많이 피곤한가 보다" "요즘 과로하더니 그런가 보다"라고 말하고 자연스럽게 다른 대화를 유도하는 것이 낫다. 그리고 한 가지 기억해야 할 사실은 여성의 경우 멀티오르가즘이 가능하기 때문에 섹스 후 홀로 자위로 오르가즘을 느꼈다고 해서, 섹스 중 오르가즘을 연기한 것이라 100% 확신하기는 어렵다는 거다. 이처럼 어떤 문제든 혼자 오해하고 고민하다 스스로 남성성을 상실해가는 바보 같은 짓은 하지 말자.

딱, 딱한
그 남자의 사정

"다른 병원에서 진찰도 받고 검사를 했는데도 아무 이상이 없답니다. 신경성이니 마음을 편하게 가지라고 하는데…. 근데 이상이 없는데 이럴 수는 없는 것 아닙니까? 뭔가 문제가 있는데 발견 못한 건 아닌가요? 이해가 안 됩니다. 요즘 회사 일로 스트레스를 많이 받기는 했지만, 그런 걸로 이 젊은 나이에 발기가 안 될 수도 있나요?"

30대 후반 남성 K씨는 갑작스러운 발기부전과 성욕저하로 병원을 찾았다. 자리에 앉자마자 속사포처럼 본인의 이야기를 토해내는 걸 보면, 갑작스럽게 찾아온 신체 변화에 적잖이 충격과 스트레스를 받은 모양이었다. 이야기를 하면서도 뭔가 불안한 듯 계속 손목시계와 핸드폰을 확인하고 만지작거리고, 낯빛도 어두웠다.

신체 건강한 젊은 나이에, 아무런 문제가 없는데 갑자기 발기부전이 올 수 있는가? 결론부터 말하자면 그럴 수 있다. 최근 젊은 남성들에게 의외로 발기부전이 많이 생기는데, 대부분 '심인성 발기부전'으로 스트레스가 주된 원인이다. 이런 중차대한 일의 원인이 고작 '스트레스'라니, 너무 흔하면서 뻔하지 않은가. 그런데 눈에 보이지도 않는 흔하디흔한 이 스트레스가 남성을 풀죽게 한다는 연구 결과가 너무나 많다. 최근 국내 한 대학의 동물 실험 결과, 장시간 스트레스에 노출된 경우 정신적으로만 발기 기능을 떨어뜨리는 게 아니라 자율신경계 기능까지 교란시켜 음경 조직 자체를 나쁜 쪽으로 변이시켜 발기부전을 일으킨다고 규명했다.

또 과도한 스트레스를 받으면 '프로락틴'이라는 호르몬이 분비되는데, 이 호르몬이 남성호르몬을 작용을 억제시킨다. 다른 스트레스 호르몬들이 발기 조직을 위축시켜 이런 상태가 오래

지속되면 처음 시작할 때는 심인성 발기부전이지만 결국에는 기질적 발기부전으로 악화될 수 있다. 이런 변화는 남성뿐 아니라 성적 흥분이나 오르가즘에 있어 심리적 영향을 더 많이 받는 여성에게 더 심하게 나타날 수 있다. 그러니 초기 발기부전이나 성기능 장애가 생기면 스트레스 때문이라고 방치하지 말고, 반드시 전문의에게 도움을 구해야 한다.

50대 후반 남성 J씨는 요즘 들어 통 잠을 못 잔다. 자신의 잘못이라고는 한 가정의 가장으로 밖에서는 열심히 일하고, 집에서는 좋은 남편이자 아빠가 되기 위해 노력한 것밖에 없다. 그런데 그렇게 열심히 살아온 결과가 고작 발기부전이라니. 화가 날 수밖에 없다.

하지만 J씨는 알아야 한다. 이런 억울한 사연이 비단 본인만의 일은 아니라는 것을. 실제로 우리나라 50대 남성의 발기부전 유병률은 30% 이상이다. 말을 안 해서 그렇지 J씨의 친구 세 명 중 한 명은 똑같은 걱정을 하고 있다는 뜻이다. 하지만 모두가 그렇다니 그냥 살아야 할까? 물론 아니다. 이제 고작 환갑을 앞에 두고 있는데, 포기는 이르다. 그렇다면 가장 먼저 무엇을 해야 할까?

먼저 오늘 잡힌 회식 자리, 술자리를 과감히 포기하자. 하루 한두 잔의 술은 건강에도 좋지 않으냐고? 초기라 하더라도 발기부전이 왔다는 사실은 이미 내 몸속 혈관에 문제가 생겼다는 신호다. 그러니 당연히 술은 도움이 되지 못하고, 특히 알코올성 발기부전은 술을 끊어도 회복이 어렵다.

다음은 지긋지긋한 '살'이다. 특히 제2의 벨트마냥 허리를 감싸고 있는 뱃살은 '적'이다. 뱃살의 증가 속도와 발기부전의 진행 속도는 비례한다는 보고도 있다. 뱃살에 가려 내 소중한 물건이 고개를 들었는지, 숙이고 있는지 보이지 않는다면 도대체 뭘 할 수 있겠는가?

마지막으로 바쁘고 피곤하다는 핑계로 내 욕심만 채우고 내려왔던 섹스 방식을 바꿔야 한다. 그저 머릿속으로만 다르게 해보자고 생각하지 말고, 구체적으로 계획을 세워보자. 오럴 섹스 도전해보기, 다른 체위해보기, 색다른 장소에서 해보기, 기구 사용하기, 오르가즘 전 단계까지 애무하기 등 구체적인 목표를 세우는 일이다. 이러한 설정을 위해 부부가 함께 대화하다 보면 혼자만의 싸움이라고 여겼던 발기부전도 나을 뿐 아니라 지루했던 성생활도 활력으로 넘치게 된다.

성생활 만족도가 남성의 사회생활에 미치는 영향에 대한 조사 결과가 있다. 이 조사에 따르면 부부 성생활에 만족하고 있는 남성은 일에 대한 적극성과 흥미, 자신감, 직장 동료와의 관계 등에서 불만족스러운 남성보다 점수가 크게 높았다. 그러니 자연스레 사회생활을 하며 받게 되는 스트레스 지수도 불만족스러운 남성보다 더 낮을 수밖에 없는 것이다.

발기부전이라고 무조건 약부터 먹으려 하지 말고, 우선 근본적인 문제부터 해결해보자. 부부 사이에 대화가 없거나, 나만 좋은 나쁜 섹스를 해왔거나, 서로 맞지 않는 체위로 열을 올렸거나 하는 이런 나쁜 버릇들은 이제 그만 내려놓고 사랑하는 상대와 즐겁고 재밌는 성생활로 스트레스를 모두 날려 보내자!

아!
제발 좀 그만 만져!

부부간 스킨십 적정선은 어디까지 일까? 스킨십 스트레스로
병원을 찾은 30대 여성 B씨. 그녀는 도가 넘는 남편의 스킨십
이 고민이라고 했다. 결혼 초 신혼 때는 애정표현이라 생각하
고 받아주던 것이 시간이 흘러도 좀처럼 줄지 않자 병원을 찾
은 것이다. 사실, 새로울 것도 대수로울 것도 없는 아내의 몸을
물고 빨고 보듬어 주니 좋지 않으냐 반문하는 이도 있겠지만
당사자인 그녀는 죽을 맛이다. 집이든 밖이든 언제나 거리낌

없이 여기저기를 주물러대는 통에 아이들 보기도 민망하고, 함께 외출하는 것도 겁이 난다고 했다.

주변을 보면 '다 잡은 물고기에 먹이 주는 거 봤느냐'며 거들 떠보지도 않는 사람이 있는가 하면, 오히려 '내가 잡은 물고기 니까 내 마음대로 해도 된다'고 생각하는 사람도 있다. 그러나 두 경우 모두 극단적인 사례다. 아무리 부부 사이라 해도 상대 배우자가 거부 의사를 밝히는데 무리하게 시도하는 스킨십은 성추행이나 성폭력과 다르지 않다. 그러므로 부부끼리 스킨십 이라도 상대가 동의하는 선까지가 바람직한 적정선이다.

> "연애 때부터 와이프가 스킨십이 많았어요. 근데 그때는 팔 짱 끼고, 손잡고, 포옹하고, 그 정도 수준이었거든요. 그래서 이 사람이 나를 많이 사랑하는 구나 싶었죠. 근데 결혼하고부 터는 너무 저돌적으로 변했어요. 저돌적인 게 싫은 건 아닌 데, 때와 장소를 가리지 않고 이리저리 쓰다듬어대니 민망할 때가 한두 번이 아니에요."

대개는 아내 쪽이 스킨십 스트레스의 당사자지만, 요즘은 남 자들도 스킨십 스트레스의 당사자가 되기도 한다. 주책없는 아 내가 자신의 성기를 자주 주물럭거려서 짜증에 성질까지 난다 는 남자도 있었다. 사실 대상이 남편이든 아내든 받는 입장에서 불쾌하다고 느끼는 게 문제다. 가벼운 입맞춤, 포옹, 손잡기, 쓰다듬기 정도라면 뭐가 문제겠는가. 오히려 서로에게 많이 무뎌지고 익숙한 사이라면 가벼운 스킨십을 적극적으로 권장하기도 한다.

우리나라 남성들, 특히 중노년층 남자들은 "난 원래 표현을 안 해"라든가 "아, 쑥스럽게"라고 말하며 스킨십이나 가벼운 접촉에 인색한 경우가 많다. 과한 것도 좋지는 않지만, 이렇게 스킨십에 인색하고 좀스럽게 구는 것은 더 좋지 않다.

남녀 관계에서 접촉은 아주 중요하다. 시큰둥하고 흥미가 사라진 관계에는 적극적인 마음과 몸의 대화가 필요한데, **몸이 멀어지면 마음도 멀어지는 법이다.** 하지만 몸의 대화가 반드시 섹스일 필요는 없다. 스킨십, 접촉이라고 하면 무조건 성교로 마무리를 해야 한다는 것에 부담을 느낀다는 남성들이 많은데, 살이 맞닿아 있는 정도의 스킨십이면 충분하다. 힘들었던 하루를 기분 좋게 마무리할 수 있게 어깨를 주물러 준다거나, 손 마사지, 팔이나 무릎을 베고 함께 눕기 정도만으로도 관계는 좋아질 수 있다. 오히려 상대방이 원하지 않는데 접촉이 시작됐으니 섹스로 마무리 지어야겠다고 오해하고 실천했다가는 상대에게 상처만 남길 뿐이다.

스킨십은 단순히 정서적인 면뿐만 아니라 실제 심장병 예방,

면역력 증가 등 건강상의 효과도 있다. 어떤 동물행동학자는 "접촉은 인간이라는 동물이 인간답게 살아가기 위한 기술"이라고 했다. 인간의 가장 근본적인 욕구는 만지고, 만져지는 것이며 피부는 끊임없이 자극되어야 한다. 접촉하려는 욕구, 만지고자 하는 욕구는 애정에 있어서도 가장 기본적인 욕구다. 그 욕구가 충족되었을 때는 친밀감, 안정감, 건강함 등 수많은 이점을 가져다준다. **접촉 자체가 하나의 훌륭한 성 행동일 뿐만 아니라 상처받은 마음을 치유하기도 한다.**

그러나 어떤 것이든 과유불급이다. 여성 B씨처럼 함께 외출하는 것이 두렵고, 아이들 보기에도 민망할 정도의 스킨십은 절대 애정표현이라고 말할 수 없다. 아이들과 함께 있을 때는 가벼운 입맞춤이나 포옹, 손잡기 정도가 좋다. 오히려 부모가 서로 애정을 갖고 있음을 아이들에게 보여주는 게 정서에 큰 도움이 된다는 연구 결과도 있다. 문제는 신체 중요 부위를 만지는 몹쓸 손이다. 아무리 허물없이 지내는 가족이라 해도, 유별나게 금술이 좋은 부부라 해도, 남들이 보는 데서 가슴이나 성기 등을 만지는 행위는 결코 잉꼬부부로 보이지 않는다.

스킨십에도 요령은 있다. 만진다고 해서 다 같은 것은 아니란 뜻이다. 특히 스킨십에는 꼭 밟고 가야 할 단계, 절차 같은 게 있다. 예를 들어 진한 스킨십을 하기 전에는 눈빛을 먼저 나누고, 속삭이듯 대화도 하고 머리나 어깨를 쓸어내리면서 둘 사이에 흐르는 공기 자체를 데우는 것이다. 분위기가 어느 정도 조성됐다면 그 후에 가슴이나 성기를 애무하는 단계로 넘어가도 좋다. 티비를 보거나, 집안일을 하는데 예상치도 못하게 불쑥불쑥 들어오는 손길이 불쾌하고 싫을 뿐이지, 어느 누가 애정이 담긴 손길을 거부하겠는가. 부부라는 이유로 성적 매너를 무시해도 된다는 착각은 버려야 좋은 관계가 유지될 것이다.

남녀의 오르가즘 차이는 크다.

남자는 삽입 전 애무 없이 오직 삽입만으로도 오르가즘을 느낄 수 있다.

하지만 여성의 경우 평생 단 한 번도 오르가즘을 느끼지 못하는 경우도 있고,

단 한 번의 섹스만으로도 여러 번의 오르가즘을 경험하는

소위 '멀티오르가즘'을 느끼는 여성도 있다.

쌍방울을
부탁해

20대 후반 남성 A씨는 결혼한 지 얼마 되지 않아, 신혼의 재미를 만끽하며 여러 체위로 사랑을 나누던 중 '뚝'하는 소리와 함께 음경에 심한 통증을 느꼈다. 그러자 곧 발기는 사라지고 음경이 고구마처럼 퉁퉁 부어올라 급하게 응급실을 찾았다. 진단명은 음경 골절이었다.

'골절이라니? 뼈가 부러졌단 말인데, 음경에 뼈가 있단 말인가?' 사람의 음경에는 뼈가 없다. 그러나 혈액으로 가득 채워져 발기된 음경을 지나치게 역방향으로 꺾으면 음경이 부러진다. 정확히 말하면 음경해면체를 싸고 있는 단단한 백막이 파열되는 것이다. 완전히 발기된 상태의 음경 강직도는 딱딱한 나무 막대기와 다를 바 없으므로 음경이 삽입된 상태에서 체위를 바꿀 때, 음경이 과도한 역방향으로 꺾이면 골절될 수 있다.

음경 골절은 교통사고나 발기 상태에서 앞으로 넘어졌을 때를 제외하면, 대부분 발기 상태에서 한쪽으로 꺾이거나, 지나친 압박을 가하며 하는 자위를 할 때 생긴다. 예를 들면 섹스를 여성 상위나 기립 체위와 같이 음경이 회음부나 다른 부위에 강하게 부딪히거나, 삽입된 상태에서 여성의 엉덩이가 순간적으로 큰 각도로 움직일 때 음경이 꺾이면서 발생한다. 또 질 내 윤활액 분비가 부족한 상태로 무리한 삽입을 시도할 때도 음경 골절이 생길 수 있다. 청소년의 경우는 자위를 하다 갑자기 지퍼를 올리거나, 발기를 가라앉히기 위해 음경을 억지로 구부리거나, 혹은 발기 상태에서 자다가 침대에서 떨어져서 골절될 수도 있다. 음경 골절은 10, 20대에 가장 많이 발생하지만 60대에서도 음경해면체 백막이 약해져 발생할 수 있다.

"내 평생에 이렇게 아파보기는 처음이에요. 처음에는 그러려니 했는데, 점점 퉁퉁 붓고 이젠 걷기 힘들 정도로 아파요. 이

러다가 남자 생명도 끝난 거 아닙니까?"

40대 초반 남성 S씨는 축구 도중 주요 부위에 공을 맞아 심한 통증을 호소하며 병원을 찾았다. 남성의 말처럼 음경이 벌겋게 부어오른 것뿐 아니라, 약간의 멍까지 있었다. 초음파 검사를 해보니 다행히 음낭 내 고환 파열은 보이지 않았고, 약물 치료와 안정만 취하면 되는 수준이었다. 음낭의 손상은 이 남성처럼 약간 멍이 드는 정도나 피부 찰과상 정도에서부터 수술이 필요할 정도의 심한 혈종, 고환 파열까지 증세가 다양하다. 물론 생기는 원인도 여러 가지다. 축구나 태권도 등 운동을 하다가 다치는 경우가 가장 흔하지만, 싸움 중에 다치거나 둔기외상에 의한 경우, 교통사고나 추락, 특히 어딘가에 떨어지면서 파이프나 봉 위로 다리 사이가 걸쳐지면서 다치는 경우는 대개 음낭의 손상을 동반한다. 이 경우 즉시 치료를 받아야 한다. 적절한 치료를 받지 않으면 불임 및 고환 기능 장애 등 후유증을 남길 수 있으므로 고환 손상 여부를 반드시 확인하는 것이 좋다.

음경도 붓고 멍이 드는 정도의 손상은 음낭 손상과 원인이 거의 동일하지만, 음낭보다 음경은 유연하고 잘 보호될 수밖에 없는 위치에 있기에 극한 손상을 입는 경우가 드물다. 가끔 성관계 중 음경이 꺾인 후 통증이 있어서 혹시 음경 골절이 아닌가 걱정하는데, 대개 골절이 되면 그 부위에 피멍이나 피부 밑 출혈을 동반하기 때문에 육안으로 식별 가능하다. 음경 골절은 조기에 치료하면 거의 예외 없이 정상적으로 회복되지만, 그냥 두면 후유증으로 발기했을 때 음경이 심하게 구부러지거나 발기 장애를 일으킬 수도 있다.

또 음경에 링이나 바셀린 등 이물질에 의한 피부 손상이 생겼을 때는 괴사된 조직을 제거하고 봉합하거나 심한 경우 피부 이식수술을 해야만 한다. 조금이라도 커 보이고, 길게 보이고 싶어 욕심을 내다가 오히려 반 토막이 될 수 있으니 과한 욕심은 내지 않는 게 좋다.

음경의 절단은 매우 드물게, 가끔 신문이나 해외 토픽에서 접하는데, 그만큼 특별한 경우를 제외하곤 평상시 음경이 절단 손상을 입는 경우는 거의 없다. 음경 손상의 약 3분의 1은 성교 중에 발생하고, 간혹 자해에 의해 손상을 받기도 하지만 아주 드문 경우다. 남성 생식기 손상은 매우 드물긴 하지만, 후유증이 생기는 경우가 많다. 모든 일에는 적당한 타이밍이 있으니 만약 음경에서 '뚝' 소리가 나거든 창피하다는 이유로 통증을 참지 말고 곧바로 병원으로 직행해야 한다.

그러다 네가
된통 당해봐야 알지

입술과 음부 주변이 뭐가 자꾸 나고 따가워서 혹시나 하는 생각에 급하게 병원을 찾았다는 40대 여성 B씨는 진료실에 들어오자마자 금방이라도 울음을 터뜨릴 것처럼 보였다.

> "내가 불치병에 걸렸다는데, 그게 정말 사실인지 확인하러 왔어요. 뭐가 자꾸 나길래 집에서 약도 발라보고 했는데, 점점 더 심해지는 것 같아요. 주변에 물어보니까 이게 불치병처

럼 평생 안 낫고 그렇다던데…. 정말 그런가요?"

이 여성이 걸린 병은 그리스어로 '근질근질하다'라는 뜻을 가진 '헤르페스(herpes)'로 흔히 '포진'이라고 불리는 바이러스성 피부질환이다. 실제 이 병은 최근 급증하는 성병 중 하나로 자주 재발하고 완치가 어렵다는 점에서 '불치병'이라 불리기도 한다. 당장 죽느냐 사느냐 하는 중한 질환은 아니지만 반복적으로 재발하고 또 통증도 꽤 있어 성생활에 큰 영향을 미친다.

헤르페스는 입이나 입술 주위에 물집이 생기는 구강 헤르페스(1형 헤르페스 바이러스)와 성기 주변이나 엉덩이 등에 나타나는 성기 헤르페스(2형 헤르페스 바이러스)로 구분할 수 있는데, 두 바이러스 모두 구강 및 성기 헤르페스를 유발할 수 있다. 이 질병은 대부분 충분한 안정과 휴식을 취하면 저절로 낫는 경우가 많은데, 조기에 발견해 항바이러스제를 복용하면 증세를 최소화시킬 수 있다. 그러나 이 여성처럼 주변 이야기만 듣고 병원을 찾기 전에 이런저런 약을 발랐다가는 더 크게 번질 수 있으니 조심해야 한다.

그런데 문제는 헤르페스는 한 번 감염되면 재발성 감염이 빈번하게 일어난다는 점이다. 건강하고 면역력이 정상일 때는 바이러스가 신경절 안에 숨어 있다가 스트레스나 과로, 수면부족 등 신체 면역기능이 약화되면 재감염을 일으킨다. 때문에 평소 면역력이 떨어지지 않도록 건강관리를 철저히 해야 한다. 또한 반드시 파트너와 함께 치료해야 한다. 치료를 마친 이후에도 헤르페스에 감염된 파트너에게 다시 감염될 수 있기 때문이다. 헤르페스는 그래도 예방이 쉬운 편이다. 물집이 생겼을 경우 성관계나 신체적 접촉을 삼가고 손을 자주 씻는 등 개인 위생에 신경 쓰면 파트너에게 옮기는 일은 막을 수 있다.

헤르페스 외에도 성병이라 불리는 성전파성 감염 질환 중 편평콘딜로마(condyloma)도 만만찮다. 성기 사마귀의 일종인 편평콘딜로마도 한 번 감염되면 쉽게 재발하기 때문이다.

"1년 전에 요도에 뭐가 생겼는데, 크지도 않고 아프지도 않아서 그냥 뒀어요. 근데 사이즈가 계속 커져서 수술이 가능할까 해서요."

20대 초반 여성이 이미 자가진단을 끝내고 수술을 해달란다. 실제 요도의 12시 방향에 혹이 있는데, 양성종양의 양상과 달랐다. 겉은 우둘투둘했고 크기가 꽤 컸다. 정밀 검사 결과는 인유두종바이러스(HPV) 감염에 의한 콘딜로마였다. 게다가 질 내부 점막도 감염이 있어서 상태가 좋지 않았다. 콘딜로마는 남성의 경우 포피, 귀두, 항문, 음경 등 그나마 눈에 띄는 곳에 생기는 반면, 여성은 소음순, 회음부, 자궁경부, 질 등에 발병

해 스스로 발견하기 어려운 경우가 많다. 이 여성처럼 스스로 오진하거나, 몰라서 두거나, 알지만 부끄러워 그냥 두면 계속 커지고 다른 곳으로도 퍼진다. 악화될 경우 생식기 전체를 뒤덮기도 하고 브로콜리가 매달린 마냥 모양도 혐오스럽다. 참으면서 반복되는 출혈로 병원을 찾았을 때는 이미 여러 곳에 생겼거나 사이즈가 매우 커진 경우가 많다.

원인이 되는 인유두종바이러스는 여성과 남성의 항문이나 생식기 주변 피부에 흔하게 기생하며 생식기 사마귀, 외음부암과 질암 등을 일으키기도 하지만 대부분 특별한 징후나 증상이 없어서 감염돼도 그 사실을 모른 채 다른 사람에게 전염시킬 수 있다. 인유두종바이러스를 보유한 사람과 성관계를 한 번 했을 때 50%의 확률로 감염되는 콘딜로마는 즉시 증상이 드러나는 것이 아니라, 3주에서 3개월의 잠복기를 거친 후 증상을 드러내기 때문에 조기 치료도 쉽지 않다. 그래서 어린 나이에 일찍 성생활을 시작했거나 여러 명의 파트너와 성관계를 맺게 되면 바이러스에 노출되기 쉬워 발병률도 높아진다. 그러나 바이러스가 없는 단 한 명의 파트너와만 성관계를 한다면 횟수가 아무리 많다 한들 감염되지 않는다. 미리 인유두종바이러스 백신을 맞는 것도 감염을 예방하는 하나의 방법이다.

얼마 전 성전파성 감염으로 20대 남성이 치료를 받기 위해 병원을 찾아왔다. 당연히 상대도 검사와 치료가 필요하니 함께 내원하라고 했다. 남성은 아무렇지 않게 지금은 헤어져서 괜찮다고 대답했다. 그 말을 듣는 순간 너무 화가 나서 의사로의 중립을 내팽개치고 남자를 마구 야단쳤다. 혹여 상대 여성이 감염된 걸 모르고 지내다가 후에 골반염 등으로 힘들어질 수도 있고, 불임의 원인이 될 수도 있는데다 그 사람으로 인해 또 다른 사람이 감염될 수도 있는데 그런 문제에는 크게 관심 없다는 태도 때문이었다. 본인만 치료하면 그만이고, 다른 사람은 감염돼도 되는가. 우리는 한때 에이즈(AIDS)가 살을 닿기만 해도 옮는 무서운 병이라 생각하고 두려워했다. 그러나 의학적 발전과 에이즈 퇴치 운동으로 이제 인식도 많이 달라지고, 에이즈 환자들의 인권 보호에도 관심을 기울이고 있다.

그런데 이 에이즈보다 더 무서운 것은 전파성 질환의 위험성을 모르는 것과 '나만 괜찮으면 돼'라는 식의 상대에 대한 배려 없이 무시하는 것이다. 특히 가장 곤란한 경우는 본인의 외도와 성매매로 인해 파트너가 감염되었어도 '콘돔을 썼으니 괜찮다. 검사 필요없다. 나는 아무 증상 없다'라며 검사나 치료를 거부하는 경우다. 피가 나거나 고름이 나거나 자기 몸에 이상이 없는 한 '나는 치료받을 필요 없다'라고 버티는 경우는 정말 문제가 심각하다.

성병을 예방하기 위해 콘돔을 사용했다 하더라도 사면발니

(phthiriasis)나 헤르페스바이러스, 인유두종바이러스 등 바이러스 질환까지는 방어할 수 없다. 가끔 종합검진에서 이상 없다 해서 성병도 없다고 생각하는 이가 있다. 그러나 몇몇 질환은 특수한 혈액검사나 유전자 검사를 해야만 발견되는 경우도 있다. 그러니 성관계 경험이 단 한 번이라도 있다면 주기적으로 성병 검사를 받는 것이 좋다.

근래에는 치료가 쉬운 성병들이 더 만연해 있다. 치료가 안 돼 퍼지는 것보다 문란한 성생활, '나만 아니면 돼'라는 식의 검사나 치료 결여, 상대에 대한 고려 부족 등 때문이다. 지금 당장은 그런 이기적인 생각이 본인을 더 편하게 할지 모르지만, 언젠가 그것이 부메랑이 되어 자신에게 돌아올 수도 있다. 그러니 조금 편하자고 이기적인 사람이 되지는 말자.

남성 조루 진단표는 귀하가 조루증을 겪고 있는지에 대해 보다 쉽게 평가할 수 있도록 제작된 설문지입니다. 1번부터 5번까지 다섯 문항에 대해 보기 중에서 귀하의 상태와 일치하거나 근접한 항목 하나만 선택하십시오.

1. 귀하는 사정을 지연시키기가 어느 정도 어렵습니까?

전혀 어렵지 않다	약간 어렵다	보통 정도 어렵다	매우 어렵다	아주 매우 어렵다
□ 1	□ 2	□ 3	□ 4	□ 5

2. 귀하가 원하기 전에 사정을 하는 경우는 어느 정도입니까?

거의 없다 또는 전혀 없다(0%)	절반 이하 (25%)	약 절반가량 (50%)	절반 이상 (75%)	거의 항상 또는 항상 (100%)
□ 1	□ 2	□ 3	□ 4	□ 5

3. 귀하는 아주 미미한 자극에도 사정하십니까?

거의 없다 또는 전혀 없다(0%)	절반 이하 (25%)	약 절반가량 (50%)	절반 이상 (75%)	거의 항상 또는 항상 (100%)
□ 1	□ 2	□ 3	□ 4	□ 5

4. 귀하는 원하는 것보다 빨리 사정을 해서 스트레스를 느끼십니까?

전혀 그러하지 않다	약간 그러하다	보통 정도 그러하다	매우 그러하다	아주 매우 그러하다
□ 1	□ 2	□ 3	□ 4	□ 5

5. 귀하는 사정에 걸리는 시간으로 인하여 배우자가 불만족스러운 데 대하여 어느 정도 신경이 쓰입니까?

전혀 그러하지 않다	약간 그러하다	보통 정도 그러하다	매으 그러하다	아주 매우 그러하다
□ 1	□ 2	□ 3	□ 4	□ 5

8점 이하 : 정상
9~10점 : 잠재적 조루
11점 이상 : 조루

비아그라면
다 된다고?

"발기부전 치료제는 일회용 아닌가요?"

"한 번 먹으면 중독돼서 계속 복용해야 하지 않나요?"

"먹기만 하면 서나요?"

"먹기만 하면 저절로 흥분이 되나요?"

"위험한 약 아닌가요? 불안해서 못 먹겠어요."

"처방전을 꼭 받아야 합니까? 그냥 약국에서 사면 안 되나요?"

"한 번 먹어봤는데 효과가 전혀 없던데요."

발기부전 치료제에 대한 흔한 오해이자 질문들이다. 그나마 말이 되든 안 되든 이렇게라도 말을 꺼내면 고맙다. 특히 발기부전 초기에 치료를 선택한 이들은 많이 호전되거나 교정의 기회가 있다. 그러나 아직은 치료받으러 오는 이도, 와서 말을 꺼내는 이도 빙산의 일각이다.

수많은 다양한 '짝퉁' 제품 중 늘 1, 2위를 다투는 것이 비아그라다. 최근에도 무허가 의약품, 가짜 발기부전 치료제를 판매한 업자가 구속됐는데, 약제 함량이 제멋대로여서 어떤 제품은 정식으로 허가받은 의약품보다 발기부전 치료 물질이 3배 이상 함유되어 있었다고 한다. 누군가는 '3배'라고 하면 좋은 거 아니냐고 생각할 수 있지만, 절대 아니다. 함량이 높다고 마냥 좋은 것은 아니다. 자칫 거사 한 번 제대로 치르려다 장례식을 치를 수도 있는 아주 위험한 것이다. 이런 무허가 약제들은 실제 안구출혈, 심근경색, 지속발기증 등 심각한 부작용을 초래한다. 가짜 약으로 일시적인 효과를 볼 수 있을지는 모르지만, 값싼 가짜 휘발유가 결국 자동차 엔진을 망치듯이 가짜 약도 심장이나 신체의 다른 기관을 망칠 수 있다.

가짜약이 난립할 만큼 발기부전 치료제는 지난 10년 동안 우리 사회에 많은 변화를 불러일으켰다. 그저 정신적 문제라고 치부해왔던 발기부전에 대한 의학적 접근을 가능하게 했고 이 분야의 원인, 기전, 치료 분야 등 비약적인 과학 발전도 이뤘다. 무엇보다 발기부전 치료제가 이슈가 되면서 발기부전에 대한 인식이 달라졌고, 부부간 성 소통의 기회가 생겼다는 것도 큰 변화 중 하나라고 할 수 있다.

 발기부전 치료제에 대해 정확히 안다면 좀 더 적절하게 치료에 접근할 수 있다. 먼저 발기부전 치료제가 일회용 약이라서 거부감을 드러내는 남성들이 있는데, 최근에는 1년 이상 지속적으로 사용하면 자연 발기율이 개선되고 발기에 중요한 지표들이 개선된다는 연구 보고도 있다. 원래 이 약의 작용지점도 발기에 중요한 역할을 하는 음경의 혈관이다. 무슨 최음제마냥 사람을 홀리고 성충동을 높여서 발정난 수컷처럼 만드는 것은 아니라는 것이다.

 그래서 섹스 전에 복용하는 경우 가장 중요한 팁이 약 복용 후 최소 한 시간 후에 성적 자극을 줘야 한다는 점이다. 약을 먹었다 해도 성적 자극 없이는 아무 변화도 없다는 뜻이다.

 누구는 한 번 써보고 효과가 없다고 포기하는 경우도 있다. 하지만 최소 4회 이상은 참고 먹어봐야 한다. 몇 차례 먹다 보면 효능이 증가하고, 발기 조직이 개선돼 효과를 볼 수 있기 때문이다. 복용 후 1시간 정도는 여유 있게 기다려야 한다. 아무리 세고 특별한 약이라 한들 '오늘은 이놈이 구실을 하려나'라 며 조급해 하면 '이놈'이 쪼그라들기 십상이다. 성공 여부에 대한 조바심이나 걱정이 앞서면 성적 흥분도 충분치 않아 약효가 제대로 발휘되지 않는다.

발기부전 치료제를 자주 먹으면 중독되거나 내성이 생긴다고 오해하는 남성들이 많은데, 아직까지 그런 보고는 없다. 다만 심리적으로 의존할 수 있기 때문에 주의는 필요하다.

발기부전 치료제가 발전하면서 여러 용량, 제형, 복용법 등 환자에 따라 맞춤형 치료도 가능해졌다. 최근에는 저용량으로 매일 먹는 형태의 치료제가 출시돼 각광 받고 있다. 이전처럼 성관계 한 시간 전에 먹고 준비하는 과정에서 느끼는 불안감이나 부담감 없이 본인이 원할 때 매끄럽게 성관계를 즐길 수 있다는 게 장점이다. 하지만 발기부전이 심한 경우라면 효과가 미비하거나, 없을 수 있으니 복용 전 반드시 의사와 상담하는 것이 좋다. 알약으로 먹는 게 싫은 이는 '지갑 속 자신감'이라고 불리는 녹여 먹는 필름형 제품을 선택하면 좋다.

이처럼 환자 유형에 따라 적합한 치료제가 있으니 처방받기 전 반드시 의사와 상담해 치료제를 선택하고 자신에게 가장 효과적인 치료를 받는 것이 중요하다. 꽤 오랜 기간 발기부전인 상태를 방치했거나 중증으로 진행된 경우에는 먹는 발기부전 치료제만으로 역부족인 경우가 있다. 그런 때는 발기유발 주사제나 수술도 고려해야 한다.

하지만 어떤 질병이든 약의 힘을 빌리기 전에 예방을 하는 것이 가장 중요하다. 발기부전이라는 질환 자체는 생활 습관의 교정, 음주, 흡연 등을 피하고 적절한 운동과 체중 관리, 식이요법 등이 병행되면 얼마든지 완화될 수 있다. 또한 최근 핀란드에서 발표한 한 연구에 따르면 성생활을 자주 할수록 오히려 발기부전이 생길 확률이 적다고 한다. 일주일에 한 번 미만인 경우 한 번 이상 섹스를 하는 사람보다 발기부전 확률이 두 배가 높은 것으로 나타났다. 그러니 중노년의 성 건강을 지키는 데 있어 활발하고 적극적인 성생활이 가장 좋은 발기부전 치료임을 잊지 말자.

섹스도
리모델링이 필요해

"고혈압도 있고 심장도 안 좋은데 성생활을 계속해도 됩니까?"

"당뇨도 있고 약도 많이 먹고 있는데, 이런 약을 같이 먹어도 됩니까?"

"허리가 아픈데 문제는 없을까요?"

만성질환을 가진 대부분의 사람들은 질병어 걸려도 성생활이 가능한지 궁금해 한다. 실제로 병원을 찾는 사람들 중 3분의 1은 이 물음에 답을 얻고 싶어 하는 사람들이다. 가장 대표적인 경우가 심장병 환자다. 혹여 격렬한 섹스를 하다 심장이 멎는 것 아닌지 걱정이다. 본인이 심장병 환자라면 간단한 질문으로 답을 알 수 있다.

"계단 2개 층을 연속으로 올라갈 수 있으세요?" 이 질문에 '그렇다'고 답한다면, 밤일 정도는 거뜬히 해낼 수 있는 심장이라는 뜻이고, 숨이 많이 차거나 중간에 반드시 쉬어야 한다고 대답한다면 좀 더 정밀한 검사와 주의가 필요한 경우다.

섹스가 절정에 다다르면 평소보다 혈압이 올라간다. 120/80을 정상치로 봤을 때 심한 경우 200/120까지도 오를 수 있다. 물론 순간적인 반응이라 금세 원래 수준으로 돌아온다. 수술대 위에 누운 환자가 바짝 긴장했을 때 치고 오르는 것과 유사하다. 물론 혈압이 갑자기 많이 증가하면 위험하지만 격렬하지 않다면 안전한 것으로 본다. 중요한 것은 평상시에 조절을 잘 하고 있었느냐다. 고혈압이라도 조절이 잘 되고 있다면 안심하고 성생활을 즐겨도 된다. 물론 상대가 이 사실을 잘 알고 있으면 더 좋다.

"아이고 다 필요 없어. 안 한 지가 올해로 5년째야. 마누라가

허리 아프다고 드러눕더니 이제는 가까이도 못 오게 해. 한참 안 좋을 때는 진짜 꼼짝을 못하니 그러려니 했는데, 이젠 괜찮은데도 다시 아플까 걱정돼서 안하겠대."

70대 초반임에도 건장한 체격을 가진 남성이 병원을 찾아왔다. 언제까지 성생활을 할 수 있냐고 묻기어 꾸준히 성생활을 즐기는 게 오히려 건강에 좋다고 하니, 그동안 쌓인 게 많았는지 쉴 새 없이 이야기를 토해낸다. 나이가 들고 몸에 노화가 시작되면 자연스레 성생활을 멀리하게 된다. 특히 그게 허리나 무릎이라면, 성관계를 가질 때 가장 일차적으로 통증을 느끼기 때문에 성생활을 멀리하게 된다.

최근에는 이런 연구 결과가 있었다. 섹스와 허리통증의 상관관계에 대한 인식조사였는데 결과는 이렇다. '허리가 아플 때 성관계는 병을 악화시킨다(45%)' '병을 악화시키지는 않지만 허리는 더 아플 것(51%)'이라고 응답한 반면 '성관계가 병도 통증도 악화시키지 않는다(4%)'는 대답은 소수에 불과했다. 더욱 문제가 되는 것은 허리디스크를 앓은 뒤 부부관계가 소원해진 경우가 54%에 이른다는 것이다. 사실 허리가 아픈 요통환자도 성생활은 가능하다. 대부분의 허리디스크 질환이 성생활로 인해 발생되거나 더 악화되는 것은 아니다. 오히려 적당한 성생활은 허리를 튼튼하게 해주고 요통을 치료하는 효과도 얻을 수 있다. 다만 급성기나 수술을 받은 경우라면 재활치료 후로 미루거나 허리를 꺾는 자세는 피하는 것이 좋다.

퇴행성관절염을 진단받고 인공관절 수술을 앞두고 있는 50대 여성 E씨는 무릎이 아프니 모든 게 짜증나고 활동 반경이 좁아져서 스트레스가 많았다. 이 와중에 남편은 식지 않는 욕구로 그녀를 괴롭히니 하게 되더라도 무릎 통증 때문에 어서 빨리 끝나기만 기다렸다. 얼마 전까지만 해도 나름 왕성한 성생활을 즐겼고 오르가즘을 느끼던 그녀였지만 무릎이 아프면서 성생활마저 흥미를 잃어가니 서글프기 짝이 없었다.

노년의 삶에서 아주 흔한 병인 퇴행성관절염, 60세 이상에서는 감기만큼 흔하다고 한다. 흔한 만큼 다들 큰 병은 아닌 것처럼 생각하지만 실제 앓고 있는 분들은 생활의 불편함과 통증으로 그 고통이 아주 심하다. 따라서 성생활도 제약을 가져올 수밖에 없다. 다행히 자기만의 노하우로 성생활을 즐기는 사람도 있겠지만, 대부분 실제적인 주의점이나 체위, 진행 방법을 모르다 보니 성생활을 접는 경우가 더 많다.

일단 아픈 관절에 무리가 가해지는 반복적인 후배위는 피해야 한다. 옆으로 누운 자세인 측위가 큰 부담이 없으며 남성 상위든 여성 상위든 아픈 이가 되도록이면 무릎은 구부리지 않는 자세로 가는 것이 좋다. 무엇보다 파트너에 대한 배려가 중요하다. 편안한 느낌으로 압박감을 없애주는 체위나 애무로 가야지만 다음을 기약할 수 있다. 최대한 애무를 즐기고 삽입 시간은 최소로 하는 것이 좋으며, 심한 경우는 삽입은 건너뛰어도 괜찮다.

성생활뿐만 아니라 나의 삶의 질에 있어서 아주 큰 적인 퇴행성관절염은 예방이 더 중요하다. 적당한 운동, 식사조절로 체중조절이 필수다. 일상생활에서도 쪼그려 앉거나 오래 서 있거나 반복적인 무리한 작업이나 운동은 피하는 것이 좋다. 운동도 걷기, 수영, 물속에서 걷기, 자전거 타기 같은 운동이 좋다. 노후의 가장 중요한 조건인 '건강'은 그냥 가지고 가는 것이 아니라 노력이 필요하며, 꾸준하게 조절해야만 육체적, 정신적, 성적 건강을 즐기며 노후를 보낼 수 있다.

"요즘 재미도 없고 의욕도 없습니다. 이렇게 차려 입으면 정상인처럼 보이고 뭐든 다 할 수 있는 사람처럼 보이지만 벗은 몸을 보면 그 순간 내가 쪼그라듭니다. 이 인공주머니를 갈 때마다 더 이상 사람 구실은 못하겠구나 싶고, 남자로서는 더더욱 아닌 것 같고. 처음 암 진단받았을 때는 '무조건 살려

주십시오' 했는데, 정신을 차리고 보니 몸은 살았는데 남자로
서의 삶은 죽었더군요. 이런 걸 달고 아내에게 어떻게 다가갈
수 있겠습니까?"

　검은 머리가 파뿌리가 되도록 같이 건강하게 늙어가며 성생
활을 즐길 수 있다면 금상첨화겠지만 예기치 않게 건강을 잃
을 수도 있다. 특히 최근 급격하게 늘고 있는 암 환자와 그 가
족들에게 치료 전후의 성생활에 대한 올바른 정보 제공이 중
요하다.

　최근 의료계에서는 암 환자라 하더라도 생존과 함께 기본 권
리인 성을 더 누릴 수 있게 노력을 많이 기울이고 있다. 그러나
정작 환자 본인이나 상대방이 아예 포기하고 의사와 상의하지
않거나 노력을 기울이지 않는다면 그러한 방법들이 아무 소용
이 없다. 환자 자신이 준비가 되었다고 느끼면 상대방이 요구
할 때까지 기다리지 말고 적극적으로 이야기하고 문의하는 태
도가 필요하다.

　항암 치료는 직접적으로 성욕이나 성기능 자체를 떨어뜨리
지는 않으나 전신쇠약감이나 피로로 인한 기능 저하는 있을
수 있으므로 적절한 휴식과 조절 후에 시도해볼 수 있다. 반면
성 호르몬에 영향을 주는 호르몬 치료나 고환 및 난소 제거는
성욕에 영향을 미칠 수 있으므로 의사와 충분한 상의가 있어

야 한다.

 골반부나 생식기 부위 방사선 치료는 성기능을 떨어뜨리거
나 성교통을 유발할 수 있어 주의가 요구된다. 특히 부인과 수
술이나 방사선 치료를 받은 여성의 경우 질 윤활액의 감소, 위
축성 질염이나 질 협착 등으로 인해 질 삽입이 어렵거나 통증
을 많이 유발할 수 있으므로 윤활제를 적극 사용하고 여성이
질 삽입 깊이를 조절할 수 있는 체위를 이용하는 방법도 추천
한다.
 인공 대변주머니나 소변주머니 등을 유치한 경우, 환자 스스
로가 많이 위축되고 신체적으로 손상되어 성생활을 아예 포
기하는 경우가 많은데, 전후 준비만 잘 되고 장치에 손상이 안
간다면 가벼운 접촉부터 시도해보는 것도 좋다. 단 여기서 기
억해야 할 것은 꼭 질 삽입과 피스톤 운동이 포함되어야만 섹
스인 것은 아니라는 것이다. 또한 자신이 암 환자라 해서 또는
상대방이 암 환자라 해서 멀찌감치 떨어져 지낼 것이 아니라
최대한 많이 접촉하고 최대한 많이 교감하는 것이 필요하다.

 아픈 환자만 섹스 리모델링이 필요한 것은 아니다. 일반적인
부부 관계에서도 매년 새해를 맞아 리모델링을 해보는 것도
좋고 50세 맞이, 60세 맞이, 70세 맞이 등 10년 단위로 끊어서

해보는 것도 좋다.

특별히 불만도 없고 지금까지 잘 살아 왔다 해도, 수십 년 같이 한 부부라 해도, 상대의 성에 대해 다시 이해하고 중간 점검을 할 필요가 있다. 특히 중장년 부부는 타성에 젖어 그저 이전에 하던 방법 그대로, 또한 이제 웬만한 것은 다 안다고 생각해 새로움을 받아들이지 않는다. 그러나 우리 몸은 정확해서 시간이 흐르면 감각도 무뎌지고 흥분도 덜 되고, 오르가즘도 왔다 갔다 하며 전체적인 성감이나 기능이 떨어지기 때문에 맞춤형 섹스는 필수다.

먼저 상대의 건강이나 성격에 변화가 없는지 살펴볼 필요가 있다. 남편의 경우, 발기부전이나 사정 장애 등 직접적인 성기능 장애가 생길 수도 있고, 아내도 이전에 비해 성교통이나 성감이 떨어짐을 호소할 수 있다. 은퇴나 자녀 등 가족 간 갈등으로 우울증이 어느새 바로 옆에 와 있는 경우도 있다.

또한 부부 사이 감정의 골이 깊어진 경우는 적극적으로 문제를 해결하려는 자세가 필요하다. 우리 사회 대부분의 부부들은 성생활에 대한 대화도 너무 부족하다. '내가 왜 섹스를 하는가?'에 대해서도 고민해보고, 자기가 좋아하는 것과 싫어하는 것에 대해서도 솔직할 필요가 있다. 마지막으로 부부가 함께 성에 대한 공부 계획을 세워보는 것은 어떨까? 책을 읽는 것으로 시작해도 좋고 전문적인 강좌를 들어도 좋다. 시작이 반이라고 함께 공부해보는 것과 더불어 실전으로 옮긴다면 금상첨화가 된다.

첫 번째 스팟,
혀

"선생님, 근데 진짜 키스로 온갖 병이 다 옮습니까? 우리 마누
라는 내가 기침이라도 할라치면 근처에도 못 오게 합니다."

미세먼지, 조류독감. 환경은 점점 나빠지고 이제는 계절과 상
관없이 호흡기 질환이 만연하다. 과연 이 상황에서 키스를 하
면 감기가 전염될까?
모든 것을 다 잊은 듯 달콤한 키스를 나누는 연인. 므훗한 영

화의 한 장면을 보고 있으면 사랑의 감정에 전염되듯 입꼬리가 올라간다. 키스를 통해 사랑과 열정이 오가는 그 모습에 확대경을 대고 들여다보면 '침'도 오가고, '세균과 바이러스'도 오간다. 그러니 당연히 옮을 수 있는 몇 가지 질환이 있다. 대표적인 것이 흔하게 듣던 '헬리코박터 파일로리균'이다. 위염, 위궤양, 십이지장궤양 등을 일으키는 균으로 위에서 역류한 세균이 입안에 있다가 침으로 전염될 수 있다. 또한 충치를 일으키는 세균도 전염될 수 있다.

  보통 키스를 하면 무조건 옮는다고 생각하는 감기는 오히려 키스에는 안전하다. 감기 바이러스는 코, 목 안 점막 등에 많고 침에는 거의 없기 때문에 키스보다는 재채기, 콧물 등으로 전염된다. 그러니 감기 옮는다고 다가오는 이성을 가로막는 행동은 하지 않아도 된다. 감기보다는 오히려 입 주위 물집이 있다면 조심하는 것이 좋다. 헤르페스 바이러스로 인한 구순염인 경우에도 전염될 수 있기 때문이다.
  옮을 수 있지만 확률이 낮은 것으로는 에이즈 바이러스나 B형 간염 바이러스가 있다. 구강 내 염증이나 손상이 없다면 에이즈 바이러스는 전염되지 않으며 B형 간염 바이러스는 항체가 있다면 감염될 위험이 없다.

사실 세균이나 각종 바이러스가 들어온다 해서 모두 감염되는 것은 아니다. 정상적인 면역력 상태라면 큰 걱정은 하지 않아도 된다. 입으로 들어오는 수많은 음식들, 돌고 도는 술잔들도 다 깨끗한 것은 아니다. 오히려 매일 키스를 하는 사람이 그렇지 않은 사람보다 수명이 5년이 더 늘어난다는 연구 결과도 있다. 키스를 하면 뇌에서 감정과 애정에 작용하는 엔도르핀, 옥시토신 호르몬이 분비되고 백혈구 수치가 올라가는데, 이런 작용들은 인체의 면역 기능을 높여준다. 반면 스트레스 호르몬인 코르티솔 분비는 줄어든다. 면역 증진, 스트레스 호르몬 억제, 치아 건강, 에너지 연소 등 어떤 건강식품과 견주어도 뒤지지 않을 만큼의 효과를 가지는 게 바로 '키스'다.

입술은 수많은 말초신경이 집중된 곳으로 자극에 예민하다. 미각, 촉각, 후각 등 다양한 감각을 동시에 받아들이는 성감대다. 당연히 **키스를 하면 이런 여러 감각이 자극돼 격렬한 반응이 일어난다.** 흔하지는 않지만 **'진한 키스'만으로도 오르가즘 가까운 상태에 이르는 여성도 있다.** 그만큼 키스는 성생활을 만족스럽게 해주는 윤활유 역할을 한다.

남녀의 애정 전선을 알고 싶다면 섹스보다는 키스를 관찰하는 편이 낫다는 말이 있다. 배꼽 아래보다는 입술에 표현되는 애정이 진실에 더 가깝다는 것. 진심으로 사랑하는 마음을 담아서 하는 키스만큼 이성을 황홀케 하는 것은 없다.

> "저는 올빼미 족이에요. 밤늦게까지 일하고 자는데 새벽에
> 건드리면 짜증이 나요. 게다가 새벽에는 입 냄새도 심한데,
> 키스한답시고 얼굴을 들이대면 정이 다 떨어져요."

최근 성교통이 심하다며 병원을 찾은 여성 30대 초반 여성 A
씨는 남편의 일방적인 스킨십에 불만이 많았다. 조금 깊이 상
담을 진행해보니 이 부부의 진짜 문제는 두 사람의 친밀도 정
도에 있었다. 스킨십을 할 때 불쾌한 냄새가 난다면 흥을 떨어
뜨리는 요소이긴 하다. 그러나 예전에는 그러려니 하고 넘어갔
던 입 냄새가 이제는 정이 떨어질 정도로 싫다면, 이건 냄새를
잡기 전에 두 사람의 관계 자체를 집어볼 필요가 있다.

키스가 뭐가 그리 대수냐 싶은 사람도 많겠지만, 서로의 숨을
가장 가깝게 나누는 키스는 어떤 때는 섹스보다 더 깊은 친밀
도를 표현한다. 부부 사이의 친밀감과 사랑을 유지하기 위해서
는 키스가 절대적으로 필요한데, 냄새 때문에 이런 행동들이
힘들다면 자연스레 다른 스킨십도 멀어질 수밖에 없다. 게다가
입 냄새의 주원인이 되는 치주염이 남성의 성 기능과도 관계
가 있다고 하니, 그리 간단한 문제는 아니다.

입 냄새는 본인이 잘 모른다. 손등이나 팔에 침을 묻히고 1~2초 뒤 냄새를 맡아 보거나 입김을 불어 확인하는 방법, 혀의 백태를 면봉에 묻혀서 냄새를 맡아 확인하는 방법 등으로 입 냄새를 미리 파악할 수 있다. 자신의 입 냄새에 '헉' 했다면 복부비만에 술, 담배를 즐기는 반면에 운동은 거의 하지 않는 사람일 가능성이 높다. 또 충치와 잇몸질환이 있으면 미리 치료하고 올바른 칫솔질과 충분한 수분 섭취, 금연, 금주를 해야 한다. 자신의 성 건강을 지키고 싶다면 말이다.

스트레스 해소에 좋은 건강한 키스를 많이 나누자. 단, 평소에 입 냄새 정도는 관리해야 하고 위염이나 충치도 미리미리 치료하자. 키스로 전해야 할 것은 사랑이지, 세균이나 바이러스가 아니니까.

여보,
나 지금 노팬티야

"요즘은 발기도 시원찮고, 성욕도 떨어지고, 그래서 이제는
관계도 별로 재미가 없어요. 그런데 와이프한테는 사실대로
말을 못하겠어요. 괜히 미안하기도 하고."

중노년 남성의 대표적인 고민을 가진 60대 초반의 한 남성이
찾아왔다. 그러나 이 남성의 사정을 들어보면 단순히 성기능의
문제로만 치부할 사안은 아니었다. 이 남성은 아내가 몸단장이

라도 한 뒤 다가오면 "가족끼리 와 이라노…"라며 장난스럽게 상황을 모면한다고 한다. 문제는 이게 농담이라 아니라, 진심이라는 데에 있다. 다른 여자를 보면 성적 욕구가 생기는데 아내만 보면 그저 집사람, 아이들 엄마로밖에 생각이 들지 않는다는 것이다. 좀 더 구체적인 질문을 던지니, 그제야 솔직한 고백이 이어진다. 자위로는 나름 오르가즘도 느끼고 만족스러운데 이상하게 아내와는 도무지 안 된다는 것이다. 아내를 싫어하거나 미워하는 것은 아니다. 그저 아내의 뱃살이 부담스러울 뿐. 자위로 혼자만 즐기고 사는 것 같아 아내에게 미안해서 한 번씩 시도를 해보려고 해도, 아랫도리가 말을 듣지 않아 약의 힘이라도 빌려야겠다고 병원을 찾은 것이다.

'약'의 힘을 빌리면 그 아랫도리는 설까? 우선 따져보자. 자위를 문제없이 한다고 하니 기질적인 문제는 없는 것으로 보인다. 그러니 굳이 약을 쓰지 않아도 잘 작동하는 죄 없는 '아이'를 탓할 필요가 없다. 남성이 먹고자 하는 약은 먹은 후 성적 흥분이 되어야 작동하는데, 아내에게 더 이상 동하지 않는데 약 먹는다고 제대로 작동할리 없다.

이 남성뿐 아니라 결혼하고 몇 년이 지나면 '아내 빼고 치마 입은 사람은 다 여자로 보인다'는 슬픈(?) 농담이 현실이 된 남자들을 종종 본다. 그 옛날, 어떻게 한 번 해볼까 하는 생각이 가득한데도 짐짓 아닌 척 열심히 매너를 지키던 시절도 있었다. 손을 잡거나 키스 한 방에도 몸이 들떠 흥분으로 정신 못 차리는 때도 있었다. 신혼 때는 밥 먹다가도 서로 눈빛만 맞으면 '육체의 불꽃'이 튀었지만, 결혼 10년차. 20년차로 접어들면서 점차 시들해졌다. 부부 사이 갈등 문제일 수도 있고, 아이들의 엄마 아빠로만 사느라 부부의 잠자리는 관심권 밖으로 밀렸을 수도 있다.

하지만 이외에 신체 외적인 요인들도 적지 않다. 예를 들면 아내에게서 만족을 느끼지 못한다든지, 고부 관계나 심리적 갈등이 숨겨져 있을 수 있다. 한마디로 원인을 설명하기 어렵다는 얘기다. 게다가 여자는 가사, 양육 등에 신경을 쓰다 보면 성생활에 투자할 에너지도 떨어진다. 그리고 천편일률적인 섹스가 흥미를 잃게 하는 경우도 많다. 당연히 항상 같은 침실, 같은 잠옷, 같은 자세로 하다 보면 지루하고 싫증이 날 수밖에 없다.

그렇다면 해결책은 뭘까. 무엇보다도 남편이나 아내 한쪽에게 책임을 전가하기보다 부부가 함께 노력해야 한다. 중요한 건 최소한의 예의다. 상대에게 "당신이 하는 일이 다 그렇지 뭐~, 뭐야? 벌써 끝난 거야? 보약을 먹여도 소용이 없구만!" 같은 말을 해서는 안 된다. 더불어 서로 늘어진 속옷으로 때 아닌 스트립쇼를 하고 나온 건 아닌지 스스로 점검해야 한다.

아직도 우리나라 부부들은 성생활 문제에서만큼은 진지한 대화를 갖거나 전문가의 도움을 기피하곤 한다. 혹여 용기를 낸 한쪽이 먼저 이야기를 꺼내도 상대 반응이 뜨뜻미지근하기 일쑤다. 이런 경우라면 불현듯 낯선 곳으로 여행을 떠나도 좋다. 여행에 대한 흥분도 한 몫 하지만, 이국적인 풍경과 환경이 아내와 남편이 아닌 여자와 남자로 만들어주기 때문이다. 주변에서 "아휴, 생각지도 않았는데, 여행 가서 생겼지 뭐예요"라는 말이 흔한 이유다.

또 호텔이나 낯선 장소에서의 하룻밤은 익숙한 관계에 새로운 불씨를 지피는 역할을 해준다. 내가 잘 아는 지인 중 어느 부부는 50대 가까운 나이지만, 주기적으로 카섹스를 즐긴다. 그렇다고 두 사람이 평소 몸매 관리에 시간을 투자하는 분들도 아니어서, 말 그대로 아내는 원통 몸매에 남편은 이티 몸이다. 그런데도 "봄이 왔으니 저기 뒷동산 아지트에서 벚꽃 비 맞으면서 사랑 나누러 가야지"라고 할 정도다. 뒷이야기를 들어보면, 별다를 것 없는 남편과 똑같이 섹스를 하지만 집이 아닌 다른 공간에서 나누는 짜릿함 때문에 눈물 날 정도의 오르가즘을 느낀다고 했다. 그만큼 섹스는 색다름이 주는 환경적 요인이 크다는 게 증명되는 셈이다. 혹 여행을 갈 여유가 없다면 집 안의 분위기를 조금 바꾸는 것도 큰 효과가 있다. 침대 위치나 침대 커버, 하다못해 커튼 하나 바꾸는 것도 익숙한 상대를 달라보이게 만드는 효과가 있으니 활용해보기 바란다.

 부부라는 것이 엄마, 아빠의 역할만 있는 것이 아니다. 남자와 여자로서 서로간의 관계가 든든해야 아이들은 물론, 가족 전체가 안정적이고 화목해질 수 있다. 그러기 위해서는 서로에 대한 기대, 흥분, 상상의 심리를 자극하는 요소를 꾸준히 유지하거나 만들어야 한다. 무엇보다도 스스로 새롭게 마음을 먹어야 한다. 나 스스로도 상대에게 흥분과 기대를 안겨줄 수 있도록 신경을 써야 할 것이고 배우자를 대함에 있어서도 매력을 찾는 인식의 변화가 함께 있어야 한다. 당장 오늘부터 새 마음 새 뜻으로 새해를 맞이하듯 늘 옆에서 봐오던 아내, 남편도 이제 섹시한 매력을 가진 새로운 인물로 보는 시각을 가져보자.

남녀 관계에서 접촉은 아주 중요하다.
몸이 멀어지면 마음도 멀어지는 법이다.
특히 시큰둥하고 흥미가 사라진 관계에는
적극적인 몸의 대화가 필요하다.
하지만 몸의 대화가 반드시 섹스일 필요는 없다.
가벼운 포옹, 팔짱 끼기 정도의 스킨십이면 충분하다.

평생 남자 구실
못하고 싶어?

"선생님, 제발 우리 영감 욕구 없애주는 약 좀 지어주세요. 아니
면 성기능을 확 없애버리는 그런 약이라도 좀 처방해주세요."

수더분한 인상의 60대 여성 M씨는 평생 이런 일로 병원을 찾을 줄은 몰랐다면서 하소연을 한다. 소리치듯 말을 토해내는 M씨를 가까스로 진정시키고 상황을 물으니 이 여성의 답답함도 조금은 이해가 갔다.

"우리 영감이 정신이 온전치가 않아요. 그래도 지금껏 큰 사고 없이 잘 살아왔는데, 몇 년 전부터 엉뚱하게 그런 데 꽂혀 가지고…. 다 늙어서 이게 뭔가 싶어요. 맨 정신이 아니니 뭐라고 말도 못하고, 밖에 나가서 내가 잠깐이라도 한눈을 팔면 옆에 지나가는 아가씨 가슴이나 엉덩이를 막 만지고, 자기 것도 막 만지고. 그것 때문에 경찰서에 불려간 것도 한두 번이 아니고…. 동네에도 이미 소문이 다 나서 동네 창피해서 못 살겠어요. 제발 우리 영감 이상한 생각 안 나게 하는 약 좀 지어주세요."

이야기하다 결국 울음을 터뜨리고 만 이 여성의 사연은 정말 딱했다. 약간의 정신 장애가 있는 남편이 나이가 들면서 갑자기 성욕을 여과 없이 표출하기 시작한 것이다. 집에서뿐만 아니라 밖에서도 이러니 문제가 될 만도 했다. 하지만 그렇다고 무턱대고 남편을 '거세'할 수는 없는 노릇이 아닌가. 성욕 충동의 조절이 안 되는 것 같으니, 우선 병원에서 충동 조절 약을 처방받아 먹어보라고 조언했으나, 병원만 가면 간호사들을 보고 또 사고를 치는 탓에 이도저도 못하는 상황이라고 했다. 안타깝지만 그렇다고 환자도 안 보고 약만 덜컥 줄 수도 없는 노릇이었다.

'거세', '고자'라는 말을 들어보았을 것이다. 성범죄자들 때문에 한때 화학적 거세로 시끄러웠고, 실제 적용하는 사례도 나오고 있다. 일단 물리적이든 화학적이든 거세라는 것은 남자 구실을 하는 데 있어 가장 중추적인 남성 호르몬을 차단하는 방법이다. 이 남성 호르몬을 차단해서 더는 성욕을 느끼지 못하게 만들어 성범죄를 원천적으로 차단하겠다는 것이다. 예전 '환관'이라는 제도를 생각하면 이해가 쉽다. 우리가 흔히 하는 오해 중 하나로 '남자 구실'을 못하게 만든다고 하면 '음경'을 자르는 것으로 생각하는데, 실제로는 '고환'을 제거하는 것이다. 남성 호르몬의 근원지가 고환이기 때문이다. 결국 음경이 제거된다고 해도 성욕이 없어지는 건 아니라는 뜻이다. 나이가 어릴 때 고환이 제거되면 남성으로서의 특징이 발현되지 않아 정자 생성이 안 되고 성행위 자체가 불가능해진다. 성인이 되어 고환이 제거되면 남성 호르몬이 분비되지 않고 여성 호르몬의 영향을 더 많이 받아, 목소리도 가늘어지고 수염도 빠지며, 성욕이 없어진다. 환관이라 하면 얇고 가는 목소리, 수염 없는 매끈한 얼굴을 떠올리는데, 그게 바로 고환이 제거되었기 때문이다.

음낭을 제거하는 것이 물리적 거세, 약물로 남성 호르몬을 차단하는 방법이 화학적 거세다. 사실 이런 거세 방법이 성범죄를 해결하기 위해 시작된 것은 아니다. 여러 가지 호르몬성 질환을 치료하기 위해, 특히 남성의 경우 남성 호르몬을 먹고 자라는 전립선암 치료를 위해 활성화된 방법이지 성범죄자를 벌주기 위함이 아니다.

세계적으로 성범죄자들에 대한 거세 방안은 큰 논란 속에 있다. 과연 성욕만 없애면 이런 범죄가 없어지는지 실효성에 대해서도 이런저런 말이 많다. 하지만 대개 성범죄자들은 성욕 조절만 안 되는 것이 아니다. 폭력 성향이나 지배 성향, 성욕뿐만 아니라 다른 욕구 조절도 잘 안 되고, 특히 타인의 피해에 대해 둔감한 이들이 많다. 또한 자기보다 약한 여성, 아동, 자기 아래 사람들에 대한 존중심도 없다. 이러한 성향에 대한 동반 치료와 사회적 각성 없이 거세에만 초점을 맞추는 것은 범죄를 저지른 이들의 재범을 줄일 수는 있으나, 새로이 이 범죄에 동참하는 이들을 막기에는 역부족인 것이다.

그렇다면 과연 여성 M씨의 남편은 어떻게 해야 하는가? 이 여성이 원하는 것은 화학적 거세인데, 일단 의학적으로 치료 순서에 맞지 않고 윤리적으로나 법적으로도 적용할 수 없다. 하지만 실제적으로 처벌을 받지 않았더라도 성범죄를 저지른 것은 분명하므로, 격리 입원하여 정신과적 약물 치료를 먼저 받는 것이 옳다.

섹스
그 달콤한 꿀을 좇아서

"제가 이래 보여도 운동도 열심히 하고, 담배도 안 피고, 과음도 안 합니다. 남들에 비해서 힘이 떨어진다고도 생각하지 않습니다. 밖에서 일로 힘들고 지친 날에 집에 와서 아내와 관계를 하고 나면 좀 시원하달까, 여전히 젊다는 느낌이 든다고 할까, 암튼 저는 만족스러워요. 또 나름 성에 대해서 책도 많이 읽는 편이고, 이런저런 애무도 시도해보고 나름 최선을 다하는데…. 아내는 크게 반응하지 않으니 걱정이 좀 돼요."

병원을 찾은 60대 초반의 남성 A씨는 보기에도 체격이 좋고, 자신감이 있다. 이 남성의 이야기만 듣자면 아내에게 문제가 있는 듯했다. 그런데 성생활에 대해서는 한쪽의 말만 듣고 판단할 수 없기에, 다음 상담에는 아내와 함께 오라고 요청했다.

> "선생님이 모르셔서 그렇지 남편이 좀 독단적인 면이 있어요. 내가 지금까지 그저 참고 맞춰줬어요. 뭐든 자기가 결정하면 그걸로 끝이에요. 지지고 볶는 사이는 아니었지만, 나는 그동안 쌓인 게 좀 있어요. 잠자리를 가질 때도 본인이 하고 싶은 것만 하고, 하고 싶을 때는 꼭 해야 하고…. 그래서 저는 남편과의 잠자리가 그다지 즐겁지 않아요."

역시 성적인 문제는 양쪽의 말을 다 들어봐야 알 수 있다. 갈등 없는 부부는 없겠지만 특히 성적인 문제는 항상 표면적인 문제 뒤에 숨어 있다. **'이혼하는 커플의 이유가 성격(性格) 차이라고 하지만, 실제는 성적(性的) 차이다'**라는 말이 괜히 있는 게 아니다. 이 부부의 경우 성격 차이, 성적 차기 모두 문제였다. 특히 성을 대하는 태도와 인식에서 남녀의 차이가 컸다.

남편의 경우 부부 사이의 문제를 어렴풋이 알고 있었지만, 그것을 잠자리에서 봉사하는 것으로 해결하려 했다. '밤일'만 잘해주면 다음 날 아침상이 바뀐다는 우스갯소리를 그대로 믿으며 애무 기술, 갖가지 체위, 오래 버티기 등에만 집착했다. 그러나 여성에게 섹스란 사랑의 표현 중 하나이고, 정서적 교감과 안도를 받아야 제대로 즐기고 만족스러울 수 있는데, 남편은 그걸 몰랐던 것이다.

이런 문제로 중년에 접어들면서 감정의 골이 점점 깊어져 이혼하는 경우가 많다. 샤워 후 목욕 가운을 입고 화장대 앞에 앉아 있는 아내를 보고도 무심한 남편, "피곤해?"라고 나긋하게 묻는 남편을 쳐다보지도 않고 피곤하다며 냉랭하게 돌아눕는 아내. 한때는 바쁜 아침 시간 쪼개서도 사랑을 불태웠던 사이였지만, 이제는 권태로울 대로 권태로워진 심드렁한 부부들의 모습이다.

분명 예전과는 달라질 수밖에 없다. 신체적으로도 정신적으로도 신혼 때처럼 정열적이고, 모든 게 새롭고 신날 수는 없다. 특히 신체적으로는 남자든 여자든 중년에 접어들면서 이전과는 많이 달라진다. 흔히 **성적 능력의 최고점이 남성은 20대, 여성은 30대**라고 한다. 더 자세히 이야기하자면 육체적인 성적 능력은 남성의 경우 20대에 최고조에 달해 30대까지 유지되다가 40대부터 감퇴하고, 여성은 30대에 최고조에 달해 40대까지 유지되다가 50대에 감퇴한다.

중년이 되면 성적 능력 감퇴뿐 아니라 슬슬 성적 장애도 나타난다. 남성의 경우 발기력이 떨어지는 게 대표적이고, 여성은 질 건조증이나 성교통, 오르가즘 장애 등이 나타난다. 또 감각에 대한 민감성도 떨어져 예전에는 5 정도의 자극만으로도 흥분이 되었다면, 중년이 되면 6, 7 정도의 자극을 받아야 흥분하게 된다. 또 예전에 비해 조금 더 시간을 투자해야 충분한 만족감을 느낄 수 있다.

그런데 이런 성적 장애나 불만족스러운 부분을 말로 하지 않으니, 문제는 점점 더 커지고 감정의 골도 깊어진다. 문제가 커지기 전에 상대방과 충분히 소통해야 한다. 그러려면 당연히 대화가 필요한데, 이런 민감한 이야기를 싸우듯이 해서는 안 된다. 또 이야기만 하고 끝내는 것이 아니라, 치료가 필요하다면 적극적으로 해야 한다.

중년이 되면 그동안 경험도 좀 쌓였겠다, 성생활을 윤택하게 하기 위해 따로 시간을 투자한다거나 노력할 필요 없이 그저 체력만 따라주면 한다는 식으로 생각하는 이들이 많다. 그러나 중년에 접어들면 이제부터야말로 더 큰 관심과 노력이 필요하다. 그리고 인정하기는 어렵지만, 본인이 예전 같지 않음을 받아들여야 한다. 서서히 가까운 글자가 흐릿하게 보이기 시작하고, 가벼운 감기에도 며칠씩 골골하고, 다리 힘도 빠지고, 피부도 처지기 시작하는 '나'를 인정하는 것이다.

신체의 변화를 인정하고, 이해하면 그 이후에는 섹스를 하는 방식도 많이 달라질 것이다. 남성다움을 무조건 힘으로만 어필하거나, 만족스러운 척만 했던 과거에서 벗어나 서로를 진정으로 이해하면 젊었을 때보다 오히려 더 왕성한 성생활을 즐길 수 있다.

폐경은
젊음보다 섹시하다

"아니, 폐경 되면 자연스럽게 안 하는 것 아니에요? 남편이
자꾸 집적대서 미치겠어요. 아휴, 나는 올해 폐경이 되서 잘
됐다, 이제 안 해도 되겠다 했는데…. 우리 남편이 유난히 그
런가 아님 다른 남자들도 다 이런가요? 남편이 하도 귀찮게
하고 병원에도 가보라고해서 왔어요."

자리에 앉자마자 투덜대기 시작하는 50대 중반 여성 J씨. 무슨 할 말이 그리 많은지 속사포처럼 말을 쏟아낸다. 자기의 잘못은 하나도 없고 '밝히는 남편' 때문에 죽겠다는 말만 반복한다. 하지만 한참 잘못 생각했다. 잘못한 사람은 남편이 아니라 아내다.

꽤 많은 여성들이 폐경하면 여성으로서의 삶도 끝이라고 생각한다. 그래서 폐경하면 더 이상 섹스를 하지 않아도 된다고 생각하고, 평생 남편 위주 섹스를 한 여성의 경우는 폐경만을 기다리기도 한다. 어쩌다 이런 생각까지 하게 되었는지 답답하기 이를 데 없다. '폐경=섹스 폐업'이라는 엉터리 공식을 신봉하는 이들이 너무 많다.

또 다른 50대 후반 여성 B씨는 발기부전 치료 차 병원을 들른 남편의 요청으로 거의 끌려오다시피 내원했다. 남편의 발기부전 치료에 적극적으로 협조하지 않는다는 게 남편의 하소연이었다.

> "이제 나이도 있고…. 뭘 그렇게 하려고 하는지 모르겠어요.
> 나는 안 하고 사니까 좋기만 하구만. 아유, 이제는 귀찮아요.
> 폐경되면 끝인 거지. 뭘 더 해요."

정말 그럴까? 폐경이 되면 여자로서도 끝이고 섹스도 끝인 걸까? 보통 50세 전후로 폐경이 온다. 그럼 계산해보자. 요즘 평균 수명이 몇 세인가? 거의 80세를 육박한다. 50세에 폐경이 되었다고 가정하면, 남은 30년은 뭐하고 살 것인가? 섹스가 인생에 전부는 아니지만, 인간의 가장 큰 욕구 중 하나인데 이를 접고 살겠다는 것인가? 심지어 성생활 수명이 70세 이상으로 나오는 마당에 폐경이라고 성생활 없이 살겠다는 것은 더 빨리 늙고 싶다는 것과 별반 다르지 않다.

여자들의 마음이 이해되지 않는 건 아니다. 폐경을 곧 섹스 폐업이라고 생각하는 여성들에게 섹스란 즐겁고 재밌는 행위가 아니라, 오로지 억지로 해야만 하는 의무였을 가능성이 높다. 이러니 여자만 비난할 수는 없다. 그동안 재미없는 섹스를 한 것에는 분명히 반쪽인 남편의 잘못도 있기 때문이다. 그러나 그것을 핑계로 성생활 문제를 정당화시킬 수 없고, 문제를 회피하려는 태도 또한 잘못이다.

여성의 일생에서 출산만큼 큰 사건이 바로 폐경인 것은 확실하다. 출산 후 여성의 신체가 변하는 것처럼 폐경도 마찬가지다. 폐경 후 여성의 신체는 많이 달라진다. 특히 성생활에 어려움이 생긴다. 질과 외음부 피부가 얇아지고 약해지기 때문에 질 윤활액도 감소하고 통증에 민감해진다. 나이 들면서 근육과 혈관 운동도 떨어지니 성반응 역시 떨어진다. 게다가 갱년기 우울증이나 폐경 후 우울증이라도 생기면 성욕이고 뭐고 없다.

심리적으로 '아, 이제 나는 여자로서는 끝이구나'라는 상실감, 무력감에 스트레스로 인한 불안, 초조, 우울증, 불면증, 신경과민, 심한 감정기복 등 변화무쌍한 감정 상태 때문에 섹스 따위를 신경 쓸 틈이 없다. 그러니 자연스레 성관계 자체에 대한 흥미도 잃고, 다른 신체적 통증도 증가한다. 거기에 여성으로서의 자신감이 떨어지면서 남편에게 몸을 드러내는 것조차 꺼리게 된다. 하지만 이런 것들이 섹스 폐업에 대한 정당한 이유는 될 수 없다. 왜냐하면 폐경 후에도 여전히 왕성한 성생활을 즐기는 사람들이 많기 때문이다. 실제로 한 연구에 따르면 미국의 50~65세 여성들이 폐경 전보다 성생활을 더 즐긴다는 보고가 있다. 자식들에 대한 책임감도 줄고 원치 않는 임신에 대한 불안도 없기 때문이라는 것이다.

그렇다고 폐경이라는 것을 전적으로 여자만의 몫, 여자가 스스로 이겨내야 하는 것, 모든 여성이 그런 것처럼 스스로 해결해야 한다고 생각해서는 안 된다. 근래 남편 손길만 닿아도 짜증이 치밀어 오른다는 50대 여성 C씨는 폐경을 앞두고 있었다. 생리도 있다 없다 하고 온몸이 아프니 만사가 귀찮고 피곤해 짜증만 난다고 했다. 그래도 이 여성은 스스로 문제를 해결하려 노력했다. 짜증이 솟구칠 때면 명상을 하거나, 가벼운 산책을 하면서 최대한 감정을 다스리려고 했다. 그런데 그것도 잠시뿐, 마침내 폐경이 되자 황망한 느낌에 디 여성은 심한 우울증에 빠졌다. 게다가 젊은 시절에는 나름 적극적으로 성생활을 즐겼는데, 폐경 후 질 윤활액도 줄어 관계를 하려고 하면 아프기만 했다. 통증이 오니 점점 안 하게 되고, 남편에게도 이제 여자로 보이지 않는다고 생각하니 점점 더 자신이 없어졌다. 그런데 더 큰 문제는 가족이었다. 남편과 아이들은 여성의 이런 반응에 '이러다 말겠지, 좀 있으면 좋아지겠지' 하고 내버려둔 것이다. 모든 여성이 흔하게 겪는 일이니 굳이 나서서 해결책을 찾아야 하나 싶었던 것이다. 하지만 가족의 무관심에 여성은 더 심한 우울증에 빠졌고, 결국 약물치료와 입원까지 하기에 이르렀다. 이처럼 **여성의 폐경, 갱년기는 여성 혼자만의 문제가 아니다. 부부의 문제이며, 가족 전체의 문제인 것이다.**

여성 스스로도 본인이 갱년기, 폐경기라는 판단이 서면 좀 더 신경을 써야 한다. 그리고 적극적으로 주변 사람들에게 도움을 청해야 한다. 남편, 가족, 지인들과 함께하는 시간을 많이 가지고 즐거운 시간을 보내면 마음과 몸이 건강해지는 것을 느낄 수 있을 것이다. 이 시기를 잘 극복하면 몸과 마음이 건강한 중노년을 보낼 수 있다. 하지만 이 시기를 우습게 여긴다면 평생 약물을 달고 살아갈 수도 있다.

중년 여성들이여, '폐경이 되면 성생활은 끝났다'라는 어리석은 생각으로 스스로를 억압시키지 말자. 폐경 후에도 당신은 여전히 섹시하고 매력적일 수 있으며, 섹스를 즐길 수 있다. 오히려 이제는 더 이상 원하지 않는 임신 걱정을 하지 않아도 되며, 월경통, 월경전증후군으로 괴로워하지 않아도 된다. 오히려 이런저런 걱정 없이 섹스를 즐길 수 있다. 더 이상 폐경으로 스스로를 가두지 말고 당당하게 섹스를 즐기자!

나는 죽을 때까지
섹스하고 싶다

"제 사촌 형님이 나이가 여든이 훨씬 넘었는케도, 지금도 열심히 합니다. 제가 열다섯 살이나 어린데 그툰한테 많이 배웁니다. 비아그라도 그렇고 주사제도 그렇고 져가 그분한테 얻어서나 써봤지, 혼자 뭘 해볼 생각을 못했습니다. 이 나이 정도 되면 그런 부분들은 당연히 포기하고 사는 게 순리가 아닌가 싶었어요. 그런데 우리 형님을 보면서 생각이 달라졌습니다. 노력하면 달라지는구나 싶어서 이제부터 뭐라도 해보려고요."

고혈압에 부정맥, 당뇨까지. 몸이 여기저기 고장이 나기 시작하니 처방받은 발기부전 치료제는 지갑 속에 쌓이고만 있다는 60대 후반 남성의 변이다. 60대 후반이라는 나이보다 훨씬 젊어 보이는 한 여성도 비슷한 고민을 한다.

> "요즘은 하는 게 전처럼 즐겁지가 않아요. 확실히 예전과는 많이 달라요. 물론 나이가 있으니 그런 것도 있겠지만 느끼는 것도 다르고…. 뭔가 개선할 수 있는 건 없는지, 내 몸에 문제가 무엇인지 검사를 하고 싶어요."

50대 후반 연령의 여성이 이런 고민으로 병원을 내원하는 경우는 꽤 있는데, 곧 일흔을 앞둔 여성이 이런 고민을 가져오는 일은 처음이었다. 매일 수십 명의 환자들을 만나면 관상학자까지는 아니어도 유난히 젊어 보이고 건강해 보이는 사람들을 알아볼 수 있게 된다. 그들은 대부분 나이가 들어도 꾸준히 성생활을 하고, 살을 부비는 누군가가 있는 사람들이다. 아무래도 건강한 이들이 오래 성생활을 즐길 수 있기 때문에 젊고 건강해 보이는 건 당연지사라 할 수 있지만, 과연 성생활을 해서 건강해 보이는 것인지 건강해서 오랫동안 성생활을 하는 것인지는 정확히 판단하기 힘들다. 무엇이 됐든 지속적인 성생활이 노화를 방지하고, 젊게 사는 데 일조한다는 것은 분명하다.

"도대체 성생활은 언제까지 가능합니까?" 중년을 지나 노년에 접어든 사람들이 병원에 찾아와 가장 많이 하는 질문이다. 꼭 중노년층이 아니더라도 대부분의 사람들이 궁금할 이야기다. 그렇다면 성생활은 언제까지 가능할까? 우스갯소리지만 남자는 손가락 들 힘만 있으면 가능하다는 말이 있다. 이 말은 곧 죽을 때까지 가능하다는 소리와 다를 바 없다. 여자도 마찬가지다. 성생활을 할 수 없을 만큼 신체적으르 장애를 갖고 있는 경우를 제외한다면 여자도 폐경을 기준으로 횟수가 감소하기는 하나 '언제까지나' 가능하다. 결국 **성생활은 정년이 없다**는 것이다. 성 능력은 개인 차이가 크지만, 길게는 100세까지도 지속되는 경우가 있다. 평균 수명이 점점 늘어나고 있으니, 성생활 정년도 더 늘어날 것이다.

남성 호르몬은 80세가 되기 전까지 대부분 정상적으로 분비되므로 성욕의 빈도와 강도는 감소하지만 유지할 수는 있다. 남성의 성기능을 좌우하는 데 있어 중요한 발기력 역시 감소하기는 하나 건강에 따라 70대 이후에서도 유지할 수 있다. 날로 발기부전 치료제가 발달하고 있으니, 이는 더더욱 문제가 되지 않는다.

반면 여성은 나이가 들면 성생활을 접는다고 알고 있는 사람들이 많다. 실제로 주변에서도 그런 이들이 꽤 존재한다. 그러나 성생활에서 은퇴하는 나이를 보면 남성보다 여성이 더 높다. 60세부터 90세까지의 여성을 상대로 조사한 결과, 이들이 성생활을 포기한 경우는 대부분 성 파트너인 남편 때문이었고, 단 10%만 자신의 무관심으로 성생활을 끊었다고 한다. 반면 남성은 50% 이상이 질병이나 성 파트너 때문에 성생활을 할 수 없었다고 한다.

나이가 들면 남자든 여자든 성적 능력이 예전과는 많이 달라진다. 발기가 잘 안 되거나 질 윤활액이 부족해지는 것이다. 하지만 그런 이유로 성생활을 일찍 포기해서는 안 된다. 성교통으로 삽입 성교가 어렵다면 오럴 섹스나 자위를 하면 된다. 서로를 만져주고 살아있음을 느끼는 것만으로도 만족감을 느낄 수 있다. 섹스는 서로 더 친밀하게 하고 심리적 안정을 가져다준다. 무엇보다 몸도 체력도 신경 쓰게 만든다. 그러니 나이가 들수록 성생활은 더 필요하다.

결론적으로 **섹스는 평생 가능하다.** 하지만 나이 들수록 인식과 정의는 바꿀 필요가 있다. 성적 능력의 감소나 신체 기능이 떨어지는 등 신체 변화를 받아들이고 인정해야 한다. 이것을 받아들이지 못하고 예전과 같은 혈기왕성한 섹스만이 만족감을 준다고 착각하면, 지금부터 하는 섹스는 모두 불만족스러울 테니 말이다. 또 과격한 섹스는 자칫 병원 신세로 이어질 수 있으니 조심해야 한다. 이제는 매번 풀코스 섹스나 오르가즘을 느끼는 것을 목표하기보다 애무, 사소한 스킨십으로 성생활 패턴을 바꾸는 게 좋다.

　노인이라는 말은 경험이 그만큼 많은 이들이란 뜻이다. 나이가 들어 쭈글쭈글한 몸이 아니라 인생의 지혜가 한 올 한 올 새겨진 자랑스러운 몸이니 부끄러워하지 말고 끊임없이 더 사랑해주자. 한참 일에 매진할 때보다 더 자유로워진 시간, 성적 쾌감을 느끼는 부위까지 잘 알고 있으니 섹스는 점점 더 즐거워질 수 있다.

여자의 그곳이
위험하다

우리 몸의 털 중에서 가장 관심을 받지 못하는 곳은 어디일까? 아마도 거웃, 음모가 아닐까. 특히 우리나라에서 머리카락을 포함한 여성의 몸을 덮고 있는 털 중에서 유일하게 관리를 받지 못하면서, 오히려 관리하면 이상한 여자로 오인받는 게 바로 '음모'다.

  음모는 신체 성숙을 보여주는 지표이지만 위치나 기능에 대해서는 아직 비밀을 다 알려주고 있지 않다. 왜 성기 부분에 집중되어 나타나는지, 어느 속설처럼 성관계 시 마찰을 줄이기 위한 것인지, 성적인 매력 또는 페로몬과 연관이 되는 것인지 궁금한 게 참 많다.

　우선 가장 흔하게 하는 오해가 음모가 적은 여성, 혹은 음모를 관리한 여성의 성생활이 문란하다는 속설이 많은데, 이것은 사실이 아니다. 서구인에 비해 털이 적게 나는 우리나라 여성들은 이런 소문 때문에 음모에 대해서 많은 고민을 갖는다. 최근에는 여성들이 여름에 수영복을 입기 전에 제모하거나 모양을 관리하는 경우가 많아졌는데, 이런 근거 없는 소문들 때문에 이런 여성들을 보는 시각이 여전히 곱지 않은 것도 사실이다. 실제로 이렇게 관리를 하는 여성이나, 무모증을 가진 여성을 공중목욕탕에서 만나면 여기저기서 수군거리거나 따가운 시선을 받는 것을 볼 수 있다. 무모증은 대개 유전적 요인이 큰데, 스트레스나 환경적 요인도 작용하는 것으로 알려져 있다. 공중화장실 벽면에 '비절개 및 절개 음모이식' 광고가 흔치 않게 보이는 것으로 보아 이게 얼마나 큰 고민거리인지 알 수 있다.
　음모가 적은 것만큼 음모가 많은 여성에 대한 소문도 무성하다. 가장 흔하게 말하는 게 음모가 많은 여성이 성욕이 왕성하다는 속설이다. 하지만 이것도 잘못된 이야기다. 음모, 가슴털, 다리털 등 체모는 남성 호르몬의 작용에 의해 자라는 것이라 음모가 많은 여성은 남성적이라 오해하며 생긴 속설로, 성생활에도 수동적이지 않고 능동적이고 적극적일 거라 생각해왔던 것이다. 하지만 이것은 근거가 없는 이야기로 '카더라 통신'에 불과하다.

음모가 없는 것보다는 많은 게 더 좋지 않으냐고 할 수 있겠지만, 음모가 많다고 해서 마냥 좋은 것도 아니다. 20대 여성 A씨는 음모가 너무 많아 수영복을 입기가 꺼려져서 고민하기도 하고, 또 다른 20대 B씨는 상대 남성이 제모를 권유해서 고민하기도 한다. 음모가 적고 많음에 따라 위생적인 측면이나 불쾌한 냄새, 질염 예방에 기여하는가에 대해서는 아직 정확하게 연구된 바는 없다. 하지만 서양문화권 특히 브라질, 미국 등지에서는 비키니 왁싱이나 브라질리언 왁싱이라고 음모 제모가 일반화되어 있는데, 제모로 인해 사면발니가 감소했다는 발표는 있었다. 하지만 이 발표만으로 위생을 위해 섣불리 제모를 시도하면 모낭염으로 고생하거나, 이것이 심해지거나 반복해서 생기면 농양으로 발전하는 경우가 있으므로 주의가 필요하다.

음모 못지않게 많은 소문을 달고 다니는 곳이 있다. 바로 외음부다. 외음부가 짙게 착색될수록 성경험이 많다는 소문이 바로 그것이다. 실제 많은 여성들이 자신의 경험치를 알고 있음에도 그런 헛소문 때문에 걱정에 사로잡혀 공중목욕탕을 꺼리거나, 상대 남성에게 외음부를 보여주기 싫어 소극적인 태도로 일관하는 경우도 있다.

과연 이는 맞는 말일까? 일단 소음순이나 외음부 착색은 자연스러운 현상이다. 사람마다 피부색이 다르듯 소음순의 색도 다르고 피부의 색소침착 정도도 다 차이가 있다. 핑크빛에서 연갈색까지 다양하지만 성호르몬의 영향, 임신, 출산 과정을 거치면서 점차 색이 짙어진다.

마찰이 많을수록 색이 좀 더 짙어질 수 있는데, 이게 꼭 성관계로 인한 것이 아니더라도 꽉 끼는 옷을 자주 입거나 소음순이 커지면서 속옷과 마찰이 많아지면 착색될 수 있다. 그러니 근거 없는 속설 때문에 괜한 스트레스에 시달리지 말자.

> "이게 왜 이렇게 가려운지 모르겠어요. 처음에는 조금 불편한 정도였는데, 지금은 너무 심해져서 피까지 나고, 피부도 울퉁불퉁해졌어요. 이것 때문에 남편이랑 잠자리도 점점 피하게 되고, 무슨 성병에 걸린 건 아닌지 걱정돼요."

음모와 외음부 착색은 이것에 비하면 걱정이라고 할 수 없을 정도로 가장 많은 사람들이 고생하는 것. 바로 외음부 가려움증이다. 어렵게 병원을 찾았다는 30대 S씨는 꽤 오랫동안 외음부 가려움증으로 고생을 해왔다고 했다. 여성의 외음부 가려움증이란 음순, 음핵, 질 등의 여성 음부에 일어나는 심한 가려움증을 말한다. 원인은 질염이 가장 흔하지만 이외에도 피부염 (아토피, 접촉성, 지루성), 건선, 경화태선, 외음부종양, 옴 혹은 이 등으로 유발될 수 있다.

보통 첫 시작은 질염인 경우가 많은데, 초기에 바로 치료하면 금방 호전되지만 적절한 치료 시기를 놓치거나 관리가 잘 안 되어 재발하는 경우에는 큰 문제가 생긴다. 또 이것으로 병원을 찾는 게 두려워 집에 있는 연고로 가려움증을 긴급 처방하게 되면 상태는 점점 심해지고, 어느새 피부는 질긴 소가죽마냥 두꺼워진다. 이 정도가 되면 질염이 없더라도 심한 가려움증에 시달리게 되어 악순환이 된다.

그러면 어떻게 해야 하나? 일단은 피부 변형이 오기 전에 예방하는 것이 가장 좋다. 일단 피부가 까칠해지고 두꺼워지기 시작하면 더 심해지기 때문에 빠른 시기에 치료를 받아야 한다. 또한 가려움증을 유발할 수 있는 자극원과 알레르기 유발 물질에 노출되지 않도록 하고, 긁지 않도록 조심해야 한다. 대개 가려움증이 야간에 더 극심해지기 때문에 수면 중에 긁어대 더 심해지는 경우가 많다. 이럴 때는 안정제의 도움을 받거나, 얼음마사지를 잠깐 해서 가려움증을 잠시 진정시킬 필요가 있다. 연고제의 처방도 도움이 되지만, 함부로 오남용해서는 안 되며 잠깐 괜찮아졌다고 치료를 중단하면, 언제든지 재발할 수 있기 때문에 완치가 될 때까지 꾸준히 치료를 해야 한다.

365일
색(色)다르게!

"언제부턴가 점점 다른 체위를 고집해요. 특히 여성 상위 체
위를 하려고 하는데, 어디서 듣기로 여성 상위 체위를 하는
사람이 성기능 장애가 있다고 하던데…. 혹시 그런 건 아닐까
싶어서요."

20대 젊은 여성은 자신은 경험이 별로 없어서 정상위를 원
하는데, 남자친구가 언제부턴가 점점 다양한 체위를 시도해서

난감하다고 하소연했다.

　섹스에서 체위는 어떤 의미일까? 체위에 옳고 그른 것은 없다. 어떤 것이 정상적인 것이고, 비정상적인 것인지도 없다. 또 반드시 다양한 체위를 해야 성생활이 만족스럽다고 할 수도 없다. 하지만 한때 영화 〈색, 계〉에 나오는 기상천외한 체위를 따라하다가 병원 신세를 졌다는 기사가 나올 정도니, 섹스에서 체위는 꽤 큰 부분을 차지한다는 것은 무시 못 할 사실이다.

　『카마수트라』에서는 200종류가 넘는 체위가 있다고 알려져 있지만, 보통 커플들은 많아야 서너 가지 체위를 주로 한다. 정상위(최근에는 남성 상위라고 표현한다), 측위, 여성 상위, 후배위, 좌위 등이 가장 흔한 체위다. 가장 기본적인 체위인 남성 상위를 가장 많이 하지만, 이 체위에서 약간의 변동만 주어도 느낌이 달라지기 때문에 조금만 노력한다면 365일 다 다르게 즐길 수 있다.

　많은 체위를 안다고 해서 모두 실천 가능한 것은 아닐 것이다. 파트너의 체격 조건, 유연성, 체력이 어떠하냐에 따라서도 체위는 같은 자세라도 맞춤형으로 달라진다. 똑같은 남성 상위라도 다리를 얼마나 벌리는지, 몸무게 중심을 어디에 두는지에 따라 각각의 느낌이나 만족도도 다르다.

　섹스에서 체위 선택이 중요한 이유는 체위마다 성기의 접촉

부위가 각각 달라 같은 체위라도 삽입 운동의 방향과 속도에 따른 쾌감의 강도가 다양하기 때문이다. 특히 여성은 오르가즘에 이르기 위해서 어떤 성감대가 어떻게 자극되는가가 중요하기 때문에, 체위 선택이 더 중요하다. 오르가즘 장애가 있는 여성은 그래서 좀 더 적극적으로 다양한 체위를 시도해보는 게 좋다.

여성 상위 체위는 오르가즘 장애를 가진 여성과 성기능 장애가 있는 남성에게 가장 추천하는 체위로 여성이 남성 위에서 속도와 깊이를 조절할 수 있다는 장점이 있다. 이 체위는 여성의 음핵과 질이 동시에 자극되어 오르가즘을 느끼기 쉽고, 남성도 여성을 보면서 시각적으로 강한 자극을 받을 수 있기 때문에 두 사람 모두에게 좋다. 특히 조루증이 있는 남성은 먼저 여성 상위로 사정 조절 능력을 훈련하고, 이후 남성 상위로 바꾸는 것을 권한다.

남성 상위는 가장 기본적인 것으로 선호도가 높고 무난한 체위다. 대개 남자가 적극적으로 주도하게 되는 체위지만 여성이 어떻게 움직이느냐에 따라 아무 움직임이 없는 목석에서부터 요부까지 다양한 스펙트럼을 느낄 수 있다.

후배위 체위는 호불호가 확연하게 갈린다. 대개 남성들은 여자를 정복한다는 쾌감과 함께 여성의 아름다운 몸매의 굴곡을

감상할 수 있어 좋아하는 체위지만, 여성의 경우 굴욕적이다, 민망하다, 아프다 등의 이유로 기피하는 체위이기도 하다. 후배위 체위의 경우 음경 삽입이 깊게 되기 때문에 자궁이 건드려져서 통증이 있을 수 있으므로, 실제로 주의가 필요하기도 하다.

측위는 남녀가 옆으로 누운 자세에서 진행하는데 마주 볼 수도 있고 서로 같은 방향을 볼 수도 있다. 빠르게 움직일 수 없기 때문에 오히려 성감에 집중할 수 있고, 서로를 만지거나 체온을 느끼며 천천히 오르가즘에 오를 수 있다는 장점이 있다. 특히 체력이 떨어지는 노년층에 안성맞춤인 체위다.

좌위는 남녀가 마주 보고 앉은 상태에서 삽입하는 자세로, 약간 변형한다면 여성이 등을 돌린 상태에서 앉아 삽입할 수도 있다. 남녀가 같이 리듬을 맞추며 움직여야 하기 때문에 어느 정도 연습이 필요하다. 두 손이 자유로우므로 서로의 몸을 만지기에 편하고 그만큼 추가적인 애무를 같이 즐길 수 있다. 이처럼 가장 기본적인 체위에도 조금씩만 변형하면 좀 더 다양한 성감을 느끼고 발견할 수 있다.

"어렵게 가진 아이라서 그런지, 가까이 가서 앉는 것만으로도 아내가 질색을 해요. 책이나 인터넷을 보면 다들 괜찮다고 하고, 오히려 즐겁게 하면 뱃속 아이에게 더 좋다고 하던데.

정말 그런가요?"

병원을 찾은 임산부와 남편들이 가장 많이 하는 질문이다. 임신 중 섹스는 정말 안전할까? 한마디로 답하면 정상 임신의 경우라면 임신 기간에 언제든지 섹스를 해도 괜찮다. 대부분의 남편들은 임신한 부인을 보며 '아이에게 나쁜 영향을 주지는 않을까' 혹은 '아내가 힘들어하지 않을까' 하는 생각에 성욕이 많이 떨어진다. 임산부 본인도 임신 초기에는 입덧과 몸의 변화, 호르몬 변화 등으로 성욕이 떨어지긴 하지만, 중기로 접어들면 대개 성욕이 회복하거나 증가하기도 한다. 그러니 안전에 대한 걱정 때문에 성생활을 멀리할 필요는 없다. 단 신체적인 변화가 생겼으니, 적절한 체위를 하는 것이 좋다.

보통 임신 중에는 자궁에 대한 압박을 덜 수 있는 여성 상위나 서로 옆으로 누워 하는 측위가 적당하다. 또 삽입 성교의 섹스만 고집할 게 아니라 키스, 애무, 성적 마사지, 상호간의 자위, 구강성교 등 서로간의 성적 감각을 증가시키고 성적 쾌락을 줄 수 있는 방식이면 안전하면서도 즐거움을 얻을 수 있다.

체위도 잘 이용하면 성적 판타지 자극에 큰 효과를 볼 수 있다. 대부분의 커플들이 상대방에게 자신의 은밀한 성적 판타지를 고백하기 꺼려하지만, 그것은 부끄러워할 일이 아니다. 함께 웃고 즐기는 분위기에서 야하고 자극적인 상황, 체위 등에 대해 이야기하거나 직접 시도해보는 것은 둘만의 독특한 섹스법을 만들 수 있어 좋다. 이는 섹스의 질을 한 단계 업그레이드 시킬 수 있는 계기가 되기도 한다. 또 그저 몸과 몸이 만나 이루는 체위뿐만 아니라 의자, 탁자, 거울 등 도구를 이용하여 새로운 체위를 시도하는 것도 그날의 섹스를 최고로 만들어줄 것이다.

상대방이 새로운 것을 시도했을 때 쑥스럽거나 싫다고 해서 바로 타박하거나 쓸데없는 짓을 한다고 무안 주지는 말자. 사실 그런 시도를 하는 사람도 상대의 눈치를 보며 큰 용기를 낸 것일 텐데, 한두 번 시도하다 돌아오는 게 변태 취급밖에 없다면 나중엔 목석처럼 가만히 누워만 있을 수도 있다. 최소한 상대의 모험심과 탐구 정신을 꺾지는 말자.

남성이든 여성이든 서로를 도발시키고 흥분시켜서 최대의 즐거움을 얻고자 노력하는 것은 칭찬해줘야 할 일이다. 새로운 체위를 시도하면 느낌도 다르고 리듬도 달라서 처음에는 어색하고 불편하겠지만, 조금씩 맞춰가다 보면 색다른 재미를 느낄 수 있을 것이다. 또 자신도 몰랐던 성감대를 발견할 수 있으니 다양한 체위에 적극적으로 도전해보자.